David A. Seamands

Heilende Gnade

Verlag der Francke-Buchhandlung GmbH
Marburg/Lahn

2. Auflage 1992

ISBN 3-88224-756-8

Originaltitel: Healing Grace

Deutsch von Regine Celebcigil
Umschlaggestaltung: litera
Titelfoto: WY/THE IMAGE BANK
Satz: AHC-Software, Wetzlar
Herstellung: St.-Johannis-Druckerei, 7630 Lahr 27986/1992

Edition C, Nr. S 9

Inhaltsverzeichnis

Vorwort

Am Anfang meines Dienstes stand die Entdeckung, daß es keine bessere Therapie für die Gesundung von Seele und Geist gibt als die vergebende Gnade Gottes. Ein in einer Nervenklinik in Tennessee tätiger Arzt hat es einmal so ausgedrückt: „Die Hälfte meiner Patienten könnten nach einer Woche entlassen werden, wenn sie wüßten, daß ihnen vergeben ist."

Die Hauptaufgabe in der Beratung, die zur inneren Heilung führen soll, besteht demnach im Beseitigen der Hindernisse, die dem Empfang der vergebenden Gnade Gottes im Wege stehen. Dieses Gnadengeschenk bietet Gott jedem an, der seine eigene Unwürdigkeit und Unzulänglichkeit vor Gott erkennt und Veränderung von ihm erbittet.

David Seamands
Asbury Theological Seminary
Wilmore, Kentucky
1988

KAPITEL 1

Das Wunder der Gnade

Während ich Devadas, einem stattlichen jungen indischen Hochschulabsolventen zuhörte, kam mir eine Geschichte in Erinnerung, die ich vor langer Zeit von einem Zeltevangelisten gehört hatte. Es ging dabei um einen Skeptiker, der dem Pastor seiner Gemeinde etwa folgendes gesagt hatte: „Ihr Christen scheint gerade genug Religion zu besitzen, um nicht zu sündigen. Aber sie reicht nicht aus, um euch froh zu machen. Ihr erinnert mich an einen Mann mit Kopfschmerzen. Klagend behält er sie, weil er fürchtet, sonst seinen Kopf zu verlieren."

Damals arbeitete ich in Indien als Pastor einer kleinen englischsprechenden Großstadtgemeinde. Meine Familie und ich hatten gerade zehn Jahre evangelistischer Dorfarbeit hinter uns, in der es unsere Hauptaufgabe gewesen war, unter der einfachen Landbevölkerung für den Aufbau neuer Gemeinden zu sorgen. Jetzt sahen wir uns hochgebildeten Stadtbewohnern gegenüber, die mit den üblichen Problemen des urbanen Industrielebens zu kämpfen hatten.

Mir war damals noch nicht bewußt, worin das eigentliche Problem bestand. Schließlich gehörte Devadas zu den nettesten jungen Leuten unserer Gemeinde. Als hingegebener, geisterfüllter Gläubiger und Abkömmling einer alteingesessenen christlichen Familie machte er seinem Namen „Diener Gottes" alle Ehre. Treu besuchte er jede Gemeindeversammlung, obwohl dies für ihn jedesmal mit einer anstrengenden Fahrradtour von etlichen Meilen verbunden war. Er nahm sein Bibelstudium ernst und bezeugte den Herrn unter seinen Kameraden, die sich als Hindus über ihn lustig machten. Wenn nötig, wäre Devadas für seine christliche Überzeugung gestorben, daran bestand kein Zweifel. Aber woran konnte es liegen, daß er jetzt fast darunter zusammenbrach?

An jenem Nachmittag des Jahres 1957 hatte ich nicht die leiseste Ahnung, daß er dabei war, viele der üblichen Merkmale aufzuzählen, mit denen Christen zu kämpfen haben, die sich im Netz der eigenen Leistung verfangen haben. Uns war damals lediglich bewußt, daß mein junger Freund seelisch und geistlich völlig am Ende war.

Weit über eine Stunde erzählte er mir von seinen Problemen —

von seinem endlosen Kampf mit dem „ich sollte und müßte", seinem übertriebenen Schuldbewußtsein und seiner Selbstverurteilung, seinen Ängsten und Minderwertigkeitsgefühlen, die in einer ständigen Herabwürdigung seiner selbst zum Ausdruck kamen. Negative Gefühle wie Wut oder Traurigkeit erlaubte er sich nicht, sondern verdrängte sie sofort, wenn sie sich bemerkbar machten. Infolge seines übersensiblen Gewissens hatten Gesetzlichkeit und übergroße Genauigkeit bei ihm überhand genommen.

Naiv wie ich war, schloß ich aus Devadas' Verhalten, daß er einfach nicht geistlich genug war. Meine Seminarzeit lag zwar erst zehn Jahre zurück, trotzdem hatte ich fast für jedes Problem eine Lösung parat. Ich begann also, ihm Ratschläge zu erteilen. Wie viele Pastoren verstand ich darunter eine Art Mann-zu-Mann-Predigt, mit der ich mein Gegenüber zu fesseln gedachte.

Ich mußte jedoch feststellen, daß er mir auf alle meine aufrichtigen Fragen und gutgemeinten Vorschläge ständig Antworten gab, die den Rahmen meiner schlichten Deutungsversuche sprengten.

„Bruder Devadas, lesen Sie regelmäßig in Ihrer Bibel? Wenn Sie sich mehr mit dem Wort Gottes bechäftigen würden, hätten Sie mehr Freude und Sieg in Ihrem Leben. Gewiß würden Sie sich dann ganz neu über Ihre Errettung freuen."

„Aber Herr Pastor, das habe ich doch schon eine ganze Weile so gemacht. Ich lese sogar jeden Tag zusätzlich ein Kapitel aus dem Alten und eins aus dem Neuen Testament."

„Ich verstehe . . . Aber wie sieht es mit Ihrem Gebetsleben aus, Bruder? Sie erinnern sich sicher an den Ausspruch des großen Gottesmannes, den ich kürzlich in einer Predigt erwähnt habe. Er lautete: ‚Gebet ist nicht nur Vorbereitung auf den Kampf, es *ist* Kampf'." (Mich hatte das Zitat beeindruckt, und so hoffte ich, daß alle es gut gefunden hatten.)

„Ja, Herr Pastor. Ich habe es mir an jenem Morgen an den Rand meiner Bibel geschrieben. Seitdem habe ich meine Gebetszeit verlängert. Aber um Ihnen die Wahrheit zu sagen, nichts von alledem hat mir wirklich geholfen. So eigenartig es klingen mag, es scheint sogar noch schlimmer mit mir geworden zu sein. Irgend etwas sagt ständig in mir, daß ich noch mehr lesen und noch mehr beten sollte. Ich kann es mir nicht erklären, aber ständig habe ich das Gefühl, daß ich einfach nicht in der Lage bin, genug zu tun. Tatsächlich scheint das das ganze Problem zu sein."

Ich war verblüfft. Jetzt wußte ich, daß er mir die Wahrheit sagte. Ich war so sicher, daß sich Fragen über seine Gemeinschaft mit anderen Christen und das Zeugnisgeben erübrigten - letzteres hatte ich ja selbst beobachten können. Mitten in meiner Ratlosigkeit ermahnte mich der Heilige Geist: „Warum hältst du nicht einfach den Mund und hörst ihm aufmerksam zu? Du hast dich so angestrengt, ihn mit deinen Antworten zu beeindrucken, daß du seine Fragen gar nicht richtig verstanden hast."

Jetzt, wo ich das erste Mal zuhörte, begriff ich endlich den Inhalt seiner Worte. Mehr noch, ich bekam ein Empfinden dafür, wie sehr er litt. Alles, was er sagte, ließ sich in dem Satz zusammenfassen: „Ich habe das Gefühl, daß ich eigentlich mehr tun sollte. Ich sollte und ich könnte auch mehr tun. Aber obwohl ich mich aufrichtig bemühe, reicht mein Tun einfach nicht aus."

Später wurde mir bewußt, daß ich mich hier vor etwas gestellt sah, das sich ziemlich von dem geistlichen Unwohlsein unterschied, das sich üblicherweise ergibt, wenn man Dinge unterläßt, die für unser inneres Wachstum wichtig sind.

Dieses für mich unvergeßliche Erlebnis liegt nun mehr als dreißig Jahre zurück. Aber jene unmittelbare, direkte Begegnung legte den Grundstein für meinen späteren Dienst an vielen in ähnlicher Weise entmutigten, leidenden Christen. Diese empfindsamen, aufrichtigen, äußerst motivierten und hart arbeitenden Menschen waren in der Tretmühle geistlicher Aktivität gefangen, aus der es für sie kein Entrinnen gab. Sie befanden sich in einem Gefängnis, das sie bis zu einem gewissen Grad selbst errichtet hatten.

LEISTUNGSCHRISTENTUM

Devadas' Aussagen hätte man wie folgt zusammenfassen können: „Ich sollte eigentlich, ich müßte, ich könnte, ich versuche es auch, aber immer bleibe ich hinter meinem Soll zurück." Aus diesem Gefängnis, diesem verhängnisvollen Kreislauf führt keine größere und bessere Leistung heraus. Sie stellt das eigentliche Problem dar und ist gleichsam die Nabe, aus der alle Speichen des Rades entspringen, das die schreckliche Tretmühle in Gang hält.

Obwohl das Leistungssyndrom unterschiedlich ausgeprägt sein

kann, handelt es sich in jedem Fall um eine Art Krankheit, einen schädlichen Virus, der jedes Individuum in seiner innersten Existenz gefährdet. Die Krankheit wird durch die größte aller Lügen ausgelöst, die unzählige gewöhnliche Lügen an Raffinesse übertrifft. Uns soll nämlich weisgemacht werden, daß alles vom Grad unserer Leistung abhängig ist, also von dem, was wir tun.

Das betrifft:

— *unsere Errettung und unseren Status*
— *unsere Gottesbeziehung*
— *unser Selbstwertgefühl*
— *unser Verhältnis zu uns selbst*
— *unser Sicherheits- und Geborgenheitsgefühl*
— *unsere Beziehung zu anderen*
— *unsere Ziel- und Erfolgsvorstellungen*

unser Verhältnis zur Gesellschaft, in der wir leben.

So wie es verschiedene Stadien einer Krankheit gibt, so gibt es auch unterschiedlich ausgeprägte Leistungszwänge. Man begegnet ihnen in allen Abstufungen, vom relativ Normalen, Erträglichen bis hin zu pathologischen Zuständen. In der langen Liste der Verzweifelten findet man viele leistungsorientierte Christen. Viele von ihnen sind noch jung im Glauben. Sie bemühen sich verzweifelt, an eine Gnade zu glauben, die ihnen zu wunderbar erscheint, um wahr zu sein. Ihnen geht es wie den Galatern, die anfangs aus der Gnade lebten, dann aber Gesetz (Leistung) und Gnade (freies Geschenk) vermischten. Bei ihnen handelt es sich um die Perfektionisten. Sie sind überzeugt, daß nichts von dem, was sie tun, jemals gut genug ist — weder für Gott noch für andere, noch für sich selbst.

Unter ihnen gibt es auch eine Anzahl schwer gestörter Personen mit abnormer, krankhafter Symptomatik. Manche leiden an Waschzwängen oder haben die fixe Idee, eine nicht vergebbare Sünde begangen zu haben. Auch Angstneurosen gehören in diesen Bereich, wie z. B. die übertriebene Furcht vor Bakterien. Solche gestörten Personen mögen vielleicht durch den Rat eines Christen oder den Inhalt dieses Buches eine gewisse Hilfestellung bekommen, gewöhnlich haben sie aber die Unterstützung von Psychiatern oder besondere Medikamente nötig. Mit diesem Buch wende ich mich in der Hauptsache an Christen, deren Leistungsstreben und Perfektionismus sich noch innerhalb der Norm bewegen. Die erwähnten Extreme weisen sie zwar nicht auf, wirken aber durch ihre geistlich-seelische Unfreiheit und soziale Abkapselung bedrückend auf andere.

Ich bin überzeugt, daß der Hauptgrund für die meisten Störungen im seelisch-geistlichen Bereich, unter denen Christen leiden, in ihrer Unfähigkeit zu suchen ist, Gottes bedingungslose Liebe anzunehmen und im Umgang mit sich selbst und anderen auszuleben. In meinem Sprechzimmer habe ich weitaus häufiger mit diesem Problem zu tun, als mit irgendeinem anderen Hindernis. Dr. David Stoop, Christ und Psychologe an einer Klinik in Kalifornien, bestätigt meine Erfahrungen. Er sagt: „Ich habe den Perfektionismus durchaus nicht zu einem Problem machen wollen. Er stellte sich aber fast bei jedem als Angelpunkt heraus, der mich zur Beratung aufsuchte."

ÜBERTRIEBENER PERFEKTIONISMUS

Bevor ich einige der Hauptprobleme leistungsorientierter Christen aufzeige, ist es mir ein Anliegen, daß Sie ein Gefühl für die Sache bekommen. Ich möchte deshalb Auszüge aus Leserbriefen und einige Bemerkungen Ratsuchender wiedergeben. Sie sind ein einziger Hilfeschrei und offenbaren uns einige der schmerzlichsten Symptome des Vollkommenheitssyndroms. Vielleicht erkennen Sie sich anhand der Beispiele selbst oder werden dabei an jemand in Ihrer unmittelbaren Umgebung erinnert. Bitte beachten Sie besonders die schräggedruckten Aussagen, die wir anschließend noch näher beleuchten wollen.

„In den letzten dreißig Jahren habe ich mich abgemüht als Christ. Mein Problem ist, daß ich niemals zur Ruhe komme und immer versuche gut zu sein, d. h. immer noch besser. Ich habe solche Angst, Fehler zu machen."

„Ich bin Student und glaube an Christus. Ihr Beitrag hat bei mir genau ins Schwarze getroffen. Ich werde ständig von solchen Ängsten, Schuldgefühlen und Selbstanklagen geplagt. In alles, was ich im Laufe des Tages denke, schleichen sich diese Gefühle ein. Ich kann keine Aufgabe durchführen, kein Buch lesen oder ein Musikstück spielen, ohne das Gefühl zu haben, daß mein Tun beurteilt wird. Vor einigen Jahren habe ich Christus als meinen Erlöser angenommen, aber ich habe das Gefühl, daß all mein Tun nicht gut genug ist für meinen Herrn."

„Mir fällt es schwer, weiter zum Gottesdienst zu gehen, weil unser Prediger soviel Gewicht auf das Bibellesen legt. Ich will Gottes Wort lesen, aber immer, wenn ich in der Bibel lese, habe ich das Gefühl, daß der Herr mich für mein Verhalten und die Art meiner Lebensführung bestraft."

„In jenem Kapitel habe ich mich haargenau wiedergefunden! Selbst mein Mann hat das bestätigt. Ich habe alle möglichen unrealistischen Erwartungen und bemühe mich, Unmögliches zu vollbringen. Indem ich eine Menge gesetzlicher Regeln einhalte, hoffe ich, Gottes Anerkennung zu erlangen. Ich dachte, ich müßte mir Gottes Liebe verdienen, und das hat mich fast in den Selbstmord getrieben."

„Ich möchte mich mehr vom Herrn gebrauchen lassen, fühle mich aber so unwürdig und nutzlos. Ich bin ein solcher Versager, daß ich mich selbst nicht ausstehen kann. Meine Bekehrung war wunderbar, und in vieler Beziehung bin ich auch eine ‚neue Kreatur in Christus.' Was Sie über Wut und Ablehnung geschrieben haben, paßte voll und ganz auf mich. Es ist fast so, als befände ich mich in einem von Haß geprägten Teufelskreis gegen die Menschen, die ich am meisten liebe. Nachher tut es mir immer leid, und es bedrückt mich sehr. Vermutlich ärgere ich mich am meisten darüber, daß ich keinen geistlichen Sieg erlebe."

„Ich bin Missionar. Gott hat mich schon gebraucht, um Menschen zu ihm zu führen. Ich weiß alle Antworten, kenne die Schrift und kann genau angeben, in welchem Kapitel die einzelnen Bibelverse stehen. Doch alles ist nur Theorie. In Wirklichkeit ist der Gott, dem ich diene, nie mit mir zufrieden. Er ist alles andere als der gnädige, liebende Gott, an den ich angeblich glaube — und von dem ich anderen erzähle. Warum kann ich nicht praktizieren, was ich predige? Ich fühle mich wie ein Heuchler."

„Ich habe schon viele seelsorgerliche Gespräche hinter mir, und Gott hat vieles in mir verändert. Ich weiß, daß ich aufhören muß, die scheinbar so ‚geistliche' Person zu sein, die ich so viele Jahre zu sein versuchte. Doch ich fürchte mich entsetzlich davor, weil ich nicht weiß, wer ich wirklich bin und wie ich mich entpuppen werde. Ist es möglich, daß man außer sich vor Angst und gleichzeitig voll gespannter Erwartung sein kann?"

„Ich bemühe mich sehr darum, liebevoll zu sein, aber ich bin kritisch, gehe schnell mit anderen ins Gericht und bin hart zu meiner Frau und den Kindern. Das kleinste Versagen auf ihrer Seite, und ich werde wütend und explodiere. Anschließend habe ich Schuldgefühle und bin sehr traurig. Meine Familie ist so liebevoll und vergibt mir immer wieder — aber das macht die Sache nur noch schlimmer. Alles scheint nach einem sich ständig wiederholenden Muster abzulaufen."

„Ich habe den Eindruck, daß ich immer tiefer falle, je stärker ich mich bemühe. Wenn ich aber erschöpft bin und jeglichen Versuch aufgebe, habe ich schlimme Schuldgefühle. Irgendwie befinde ich mich unter einem Zwang."

Diese Auszüge verdeutlichen, auf welchen Gebieten Christen, die das Geheimnis eines Lebens aus der Gnade noch nicht richtig erfaßt haben, die größte Not und Niederlage erleben. Sie lassen auch auf Verletzungen und seelische Nöte schließen, die erst einmal abheilen müssen, bevor diese Menschen in der Lage sind, sich an einem Leben aus der Gnade zu freuen.

1. Ständige Schuldgefühle, Selbstanklagen und der Gedanke, von Gott gerichtet und verurteilt zu werden.

Immer wieder erzählen mir Christen von ihren ständigen Schuldgefühlen. Wenn ich sie frage, ob es nicht auch Zeiten gibt, in denen sie sich nicht schuldig fühlen oder sie das Empfinden haben, mit Gott im reinen zu sein, bekomme ich oft zur Antwort: „Eigentlich nicht, denn dann fühle ich mich schuldig, weil ich keine Schuldgefühle habe."

Hierbei geht es nicht um bestimmte Tatsünden, sondern um ein allgemeines, umfassendes Schuldgefühl, das sich wie ein Nebel von wechselnder Intensität über die gesamte Persönlichkeit legt. Bei manchen ist das Gefühl von Gottes Mißfallen wie ein leichter Dunst, von dem sie ständig umgeben sind. Und da sie nie etwas anderes gekannt haben, nehmen sie fälschlicherweise an, daß alle Christen so leben. Bei anderen ist der Nebel so dick, daß sie sich kaum von der Stelle bewegen können. In keine Richtung wagen sie voranzugehen, und selbst kleine Entscheidungen fallen ihnen schwer. Sie wissen, daß sie sich sowieso schuldig fühlen werden — nach dem Motto: „Der Teufelskreis bleibt, ob ich handle oder nicht." Es gibt kaum etwas Schlimmeres als die seelische Qual und geistliche Not solcher Christen.

2. Minderwertigkeitskomplexe und sich wiederholende Attacken der Selbstabwertung und Selbstverachtung.

Da der Begriff *Selbstachtung* so oft mißverstanden wird, soll zunächst erklärt werden, was wir darunter verstehen. Im Lexikon finden wir den Begriff *Achtung* so definiert: „hoch einschätzen, beachten, würdigen oder respektieren." Wenn wir von Selbstachtung sprechen, so ist damit gemeint, daß jemand sich selbst als Person annimmt und sich seines Wertes bewußt ist. Leistungsorientierte Christen haben in bezug auf ihre eigene Persönlichkeit kein gutes Gefühl, was sie auch erreicht haben mögen. Wie erfolgreich sie auch in den Augen anderer sein mögen, immer wieder werten sie sich selbst ab. Sie reden sich buchstäblich ein, daß sie „klein" sind, um ja nicht zu vergessen, wie gering der Wert ist, den sie sich selbst beimessen, und wie unbedeutend sie sich in den Augen Gottes und anderer Leute vorkommen.

3. Ein Gefühl von Unechtheit und Unwirklichkeit, das Empfinden, nur eine Attrappe zu sein, jemand, der die Verbindung mit seinem wahren Selbst verloren hat und nicht weiß, wer er wirklich ist.

Weil diese Christen soviel Gegensätzliches in sich feststellen, haben sie das Empfinden, ihr eigenes, unverwechselbares Selbst verloren zu haben. Es besteht für sie eine so große Kluft zwischen dem, was sie sind, und dem, was sie eigentlich (als Christen) darstellen sollten, daß dieser Zustand für sie unerträglich ist. Sie entfremden sich so von dem Ich, das sie so tief verabscheuen, daß sie versuchen, seine Existenz einfach zu negieren. Doch immer wieder wird deutlich, daß es noch da ist. Dann kommt es zu Aussagen wie dieser: „Ich weiß alle Antworten, aber ich habe sie alle nur im Kopf. Im tiefsten kann ich sie nicht richtig nachempfinden. Ich erzähle anderen zwar von Jesus, doch im wesentlichen fühle und lebe ich gar nicht als Christ. Ich habe Angst davor zu wissen, wer ich wirklich bin, und finde es entsetzlich, andere wissen zu lassen, wie es wirklich in mir aussieht." Solche Konflikte stehen dem Wunsch, Christus zu bekennen, natürlich im Wege und vermindern die geistliche Kraft erheblich. Bekennen solche Christen ihren Glauben aus verbissenem Pflichtgefühl trotzdem, so verstärkt sich bei ihnen noch das Gefühl der Heuchelei und inneren Leere. Das Traurigste bei diesen Menschen ist, daß sie ihre wahre Persönlichkeit verlieren, jenes echte und einzigartige Selbst, das Gott ihnen zugedacht hat, um es für seine Zwecke zu gebrauchen.

4. Viele negative Gefühle, besonders Angst und Wut, in deren Gefolge es zu irrationalen Befürchtungen, spürbarer Ablehnung, Zornausbrüchen, erheblichen Stimmungsschwankungen und Depressionen kommt.

Wenn es so wäre, daß Annahme und Liebe von unserer Leistung abhingen, wären Zornausbrüche die natürliche Folge. Wir ständen fortwährend unter Druck, und jedes Versagen würde unweigerlich Wut auf uns selbst oder andere nach sich ziehen. Zu diesem Teufelskreis von Zorn und Ablehnung gehört leider auch der Ärger auf Gott, weil dieser scheinbar nicht zu seinen Verheißungen steht.

Da diese wenig begnadeten Menschen auch wenig Gnade zu geben haben, gehen sie mit anderen unbarmherzig ins Gericht. Das Prinzip der Leistung, das für sie selber gilt, wird auch auf andere übertragen. Sie sind über das Versagen anderer deshalb ebenso aufgebracht und ärgerlich wie über ihre eigenen Fehler. Wird der Druck zu groß, kann es als Folge unterdrückter Wut, ständig schwelender Ablehnung und der unvermeidlichen Kurzschlußreaktion zu Depressionen kommen. Damit sind wir bei unserem letzten Symptom angelangt.

5. Schwierigkeiten in den zwischenmenschlichen Beziehungen, besonders wenn es dabei um Vertrautheiten geht.

Im Bereich relativ oberflächlicher Lebensbeziehungen kommen die meisten leistungsorientierten Menschen noch ganz gut zurecht. Viele von ihnen sind fleißig, still, beherrscht und haben manchmal etwas von der demütig-sanften Milde ihres Meisters. Doch wenn die seelische Distanz zum Nächsten sich vermindert, die Beziehung sich vertieft und eine gewisse Vertrautheit entsteht, können viele der erwähnten Faktoren trennend hervorbrechen und sich auf ihre Fähigkeit, Freundschaften zu schließen und zu pflegen, sehr nachteilig auswirken.

Doch am verheerendsten sind die Folgen auf dem Sektor von Ehe und Familie. Machen wir uns nichts vor: das Zusammenleben mit leistungsorientierten Christen ist schwer. Sie sind hart zu sich selbst, hart zu ihren Ehepartnern und hart zu ihren Kindern. Bei vielen Beratungsgesprächen im Bereich von Ehe und Familie geht es um Partner dieses Typs. Jemand hat einmal gesagt: „Perfektionisten leiden und verursachen Leiden." Und ich würde hinzufügen: "Am meisten im Nacken." Treffend ist das Zitat: „Jeder hat ein Problem, ist ein Problem oder hat mit einem Problem zu leben." Wir könnten diesen Satz neu formulieren und sagen: „Perfektionisten haben ein Problem, sind ein Problem und schaffen denen Probleme, die mit ihnen zusammenleben."

Diese fünf Symptome des Leistungssyndroms sind es vor allem, die der Heilung bedürfen. Es gibt jedoch noch einen wichtigen Faktor, den wir in diesem einleitenden Kapitel nicht übersehen dürfen.

AUFFÄLLIGE CHARAKTERMERKMALE

Die letzten beiden Briefe, die ich weiter vorn in diesem Kapitel wiedergegeben habe, machen deutlich, daß ein gewisses Verhaltensmuster vorlag. Im Lexikon wird dieser Begriff so definiert: „Verhalten natürlichen oder zufälligen Ursprungs; Verbindung von Merkmalen oder Kennzeichen, die für ein Individuum charakteristisch sind." Wir müssen verstehen, daß sich im Leben des leistungsorientierten Christen nicht an irgendeiner verborgenen Stelle ein Problem befindet, das von Zeit zu Zeit hervorzubrechen und seelische und geistliche Erschütterungen zu bewirken pflegt. Nein, es handelt sich dabei um einen Lebensstil, eine ganz bestimmte Daseinsform, bei der es zu Fehlschlüssen kommt, zu falschem Denken, Fühlen, Wollen, Handeln und Reagieren. Eine solchermaßen falsch gepolte Existenz hat falsche Handlungsweisen zur Folge, d. h. eine verkehrte Art, mit dem Leben und mit Menschen umzugehen.

Das Gegenteil von Leistungsorientiertheit, nämlich ein auf Vergebung basierendes, von der Gnade Gottes bestimmtes Leben, ist eine ganz andere Daseinsform. Sie ist mehr als eine grundlegende Christuserfahrung wie Bekehrung und Neugeburt, Erfüllung mit dem Heiligen Geist oder gelegentliche geistliche Höhepunkte. Ein an Gott orientierter Lebensstil führt zum richtigen Handeln in schwierigen Lebenssituationen und in der Beziehung zu anderen Menschen. Dabei ist wichtig, daß wir sowohl das Problem als auch seine Lösung im richtigen Licht sehen: es gibt nur eine umfassend falsche Art zu leben und mit den Mitmenschen umzugehen und eine richtige. Es muß deshalb von Anfang an klar sein, daß es hier keine schnellen Heilmittel und Patentlösungen gibt. Weder eine wunderbare Glaubenserfahrung noch eine plötzliche innere Heilung werden dazu führen, daß jemand auf Anhieb aus der Falle der eigenen Leistung herausfindet — besonders wenn es sich dabei um einen extremen Perfektionisten handelt. Ich glaube zutiefst an die Notwendigkeit der Wiedergeburt und eines vom Geist Gottes bestimmten Lebens. Beides halte ich für grundlegende Elemente christlicher Existenz; trotzdem bin ich überzeugt, daß bei vielen Christen seelische Verletzungen und unverarbeitete Erinnerungen vorliegen, die spezieller innerer Heilung bedürfen, damit es zu einem wirklich siegreichen Leben kommen kann. Dies alles entspricht biblischen Prinzipien, aber ich warne ausdrücklich vor Lösungen, die mehr auf Magie als auf Wundern beruhen, Lösungen, von denen ich weiß, daß sie bei manchen hilfesuchenden Christen Verwirrung ausgelöst haben. Ich mußte unangemessen viel Zeit in der Seelsorge an entmutigten Christen einsetzen, bei denen solche sofortigen Heilmaßnahmen nicht den erwarteten Erfolg hatten.

An dieser Stelle möchte ich noch einmal daran erinnern, daß sich diese Warnung auch auf das vorliegende Buch bezieht. Indem Sie die Art Ihres Problems besser begreifen, werden Sie nicht automatisch aus der ungesunden und frustrierenden Tretmühle falscher Anstrengungen herauskommen. So wichtig Einsicht und Wissen auch sind, sie führen nicht ohne weiteres zu innerer Gesundung und Veränderung. Die Lehre, daß dem so sei, ist nichts anderes als ein Trugschluß der alten Griechen, ein Gedanke, der von Freud weiterentwickelt wurde und leider auch noch von manchen christlichen Psychologen unserer Zeit vertreten wird. Paulus entlarvt diesen Irrtum mit seiner glasklaren Aussage: *Denn ich weiß nicht, was ich tue. Denn ich tue nicht, was ich will; sondern was ich hasse, das tue ich . . . Wollen habe ich wohl, aber vollbringen das Gute finde ich nicht (Römer 7,15+18).* Erkenntnis und Einsicht sind in vieler Hinsicht eine außerordentliche Hilfe, besonders wenn es darum geht zu erkennen, wonach wir uns auszustrecken und wie wir zu beten haben. Sie zeigen uns auch, auf welchen Gebieten unseres Lebens wir Heilung brauchen, damit wir in der Lage sind, die erlösende Gnade in Christus, die uns zu einem geheiligten Leben befähigt, richtig auszuleben. Obwohl die heilmachende Gnade manchmal zu inneren Krisen führt, verfolgt sie immer das Ziel, unser eingefahrenes falsches Verhalten zu verändern.

VOM KNECHT ZUM SOHN

Diesen Positionswechsel erfuhr Devadas, der junge Mann, den ich Ihnen zu Beginn dieses Buches vorgestellt habe. Als wir begannen, uns regelmäßig zum Gespräch und zum Beten zu treffen, fielen uns mehrere Gebiete bei ihm auf, die von der Gnade unberührt geblieben waren. Innerhalb der Gesamtbevölkerung Indiens stellen die Christen nur eine kleine Minderheit dar. Aus diesem Grund haben sie manchmal das Bedürfnis, sich bei ihren nichtchristlichen Nachbarn hervorzutun. Bei Devadas hatte dieses Bestreben zu einem gesetzlichen, freudlosen Zuhause geführt, in dem Annahme und Anerkennung in starkem Maße von Bedingungen abhingen.

Erinnern Sie sich an das Gleichnis vom Verlorenen Sohn in Lukas 15? Der ältere Bruder war ärgerlich, als der Vater dem heimkehrenden Bruder gnädig war und ein Freudenfest ausrichtete: *Siehe, so viele Jahre diene ich dir und habe dein Gebot noch nie übertreten; und du hast mir nie einen Bock gegeben, daß ich mit meinen Freunden fröhlich wäre (Lukas 15,29).* Anhand dieser Geschichte erkannte Devadas sich selbst. Der Heilige Geist begann behutsam, ihn von seinem übergenauen Streben zu überführen, und zeigte ihm sein unbarmherziges, kritisches Herz.

Eines Sonntags zog ich John Wesley in einer Predigt als Beispiel heran. Wesley, Sohn eines Pfarrers, Mitglied des Heiligen Clubs von Oxford, ordinierter anglikanischer Geistlicher und Missionar im Außendienst, streckte sich mit großer Hingabe nach persönlicher Heiligung aus. Doch trotz seines opfervollen Dienstes und seiner guten Taten fehlte ihm der Friede Gottes, so daß er von sich sagte, er sei „fast ein Christ". Dann, am 24. Mai 1738, während ihm jemand Luthers Vorwort zum Römerbrief vorlas, wurde ihm plötzlich bewußt, was Gnade bedeutet. Um es mit den bekannten Worten Wesleys zu sagen:

„Ungefähr um Viertel vor neun, während er die Änderung beschrieb, die Gott durch den Glauben an Christus im Herzen bewirkt, fühlte ich, wie mein Herz sich seltsam erwärmte. Ich fühlte, daß ich an die Erlösung durch Christus, durch Christus allein, glaubte; und es wurde mir Gewißheit geschenkt, daß er meine Sünden — meine ganz persönlichen — weggenommen und mich vom Gesetz der Sünde und des Todes erlöst hatte."

Wesley bekannte sich nun als „ganzer Christ", jemand, der aus dem Sklavenstand in den Stand eines Sohnes übergewechselt war.

Bei Devadas' nächstem Besuch war dieser sichtlich erregt. „Erst Sonntag habe ich entdeckt, daß ich ein Leben geführt habe, wie es der Bedeutung meines Namens (‚Sklave Gottes') entspricht", sagte er. „Ich dachte, fühlte und handelte nicht wie ein Familienmitglied, sondern wie ein Sklave." Da jeder Inder den Unterschied zwischen beiden genau versteht, sagte ich zu ihm: „Komm, Devadas, spielen wir einmal mit verteilten Rollen. Du bist der Diener in der Familie und ich der Sohn. Stellen wir uns einmal vor, wie ihr Alltag von früh bis spät aussieht, und achten wir auf die Unterschiede." Devadas war einverstanden. Kurz darauf befanden wir uns schon mitten im Spiel und bemühten uns, die großen Unterschiede in den Rollen herauszustellen:

Der Diener wird aufgrund seines Tuns akzeptiert und anerkannt, das Kind aufgrund seines Seins.

Der Diener geht besorgt und ängstlich in den Tag und fragt sich, ob der Meister wohl mit seiner Arbeit zufrieden sein wird. Das Kind ruht in der liebevollen Obhut seiner Familie.

Der Diener genießt Anerkennung wegen seiner Geschicklichkeit, der Sohn oder die Tochter wegen der bestehenden verwandtschaftlichen Beziehung.

Der Diener wird wegen seiner Produktivität und Leistung anerkannt. Das Kind gehört aufgrund seiner persönlichen Stellung einfach dazu.

Am Ende des Tages kommt der Diener nur dann zur Ruhe, wenn er sicher ist, daß er seinen Wert durch seine Arbeit unter Beweis *gestellt hat.* Am nächsten Tag beginnt seine Angst von neuem. Das Kind kann den ganzen Tag über sicher sein und wissen, daß sein Status sich auch morgen nicht ändern wird.

Wenn ein Diener versagt, steht seine gesamte Position auf dem Spiel. Möglicherweise verliert er seinen Job. Wenn ein Kind Fehler macht, ist es traurig, weil es seine Eltern betrübt hat. Es erfährt Zurechtweisung und Strafe, hat aber keine Angst, hinausgeworfen zu werden. Die Grundlage seines Vertrauens besteht in dem Gefühl, dazuzugehören und geliebt zu werden. Sein Verhalten hat keine negativen Auswirkungen auf die Dauerhaftigkeit seiner Position.

Devadas und ich lasen die aufregenden Worte aus Galater 4,4-7 miteinander, wo es heißt: *Als aber die Fülle der Zeit kam, sandte Gott seinen Sohn, geboren von einer Frau, geboren unter dem Gesetz, damit er die loskaufte, die unter dem Gesetz waren, damit wir die Sohnschaft empfingen. Weil ihr aber Söhne seid, sandte Gott den Geist seines Sohnes in unsere Herzen, der da ruft: Abba, Vater! Also bist du nicht mehr Sklave, sondern Sohn; wenn aber Sohn, so auch Erbe durch Gott.*

In den nächsten Wochen erzählte mir Devadas, daß er sich diese Tatsache jedesmal, wenn er den Eindruck gehabt hatte, wieder wie ein Sklave zu denken und zu handeln, mit folgenden Worten in Erinnerung gerufen hatte: „Lieber Vater im Himmel, ich weiß, daß ich dein Sohn bin, deshalb werde ich jetzt auch wie ein Sohn leben und empfinden!"

Im Laufe der Jahre habe ich miterleben dürfen, wie das Wunder der Gnade viele unter Leistungszwang stehende Christen befreit hat. Ich wage zu glauben, daß dies auch bei Ihnen geschehen kann.

KAPITEL 2

Gnadenhindernisse

Der leistungsorientierte Christ ist von einem bösartigen Virus infiziert. Er leidet an der Sünde des Stolzes – eines Stolzes, der dazu beiträgt, daß er sein Leben auf der Grundlage einer tödlichen Lüge aufbaut. Diese Lüge besagt, daß alles davon abhängt, was und wie gut er etwas tut, und daß es auf seine Anstrengungen und seine Arbeit ankommt, d. h. Anerkennung und Liebe, Erfolg und soziale Stellung – alles muß erarbeitet und verdient werden.

Dieser Stolz erstreckt sich auf jedes Gebiet unseres Lebens, wirkt sich aber besonders verhängnisvoll aus, wenn es um wichtige Beziehungen geht. Hierzu gehören: unser Verhältnis zu Gott (Erlösung), unsere Beziehung zu uns selbst (Selbstachtung), unser Verhältnis zu anderen (aus Freundschaft, Ehe und Familie erwachsende Sicherheit und Zufriedenheit) und unsere gesellschaftlichen Beziehungen (Erfolg und sozialer Status). Mit anderen Worten, ob Gott uns liebt oder nicht, ob wir in bezug auf uns selbst zufrieden sind, ob andere Menschen uns mögen und ob wir für ein Erfolgsgenie gehalten werden – alles hängt von der Qualität unserer Leistung ab. Fazit (und Trugschluß): alles Wichtige im Leben ist davon abhängig, ob wir eine perfekte oder wenigstens fast perfekte Leistung erbringen können.

Solch stolze Selbstbezogenheit ist das genaue Gegenteil von Gnade. Ich nehme an, daß die meisten Christen die allgemeine Definition des Begriffs *Gnade* kennen, nämlich „Gottes unverdiente Gunst". Manchmal wird noch die Erklärung hinzugefügt „dem Unwürdigen umsonst erwiesen". Beachten Sie, wie sehr die schräggedruckten Schlüsselworte mit dem eben Gesagten im Widerspruch stehen:

Unverdientes Wohlwollen	*Verdiente Annahme*
Umsonst erwiesen	*Nur bedingt gegeben*
Unwürdige Empfänger	*Verdiente Kämpfer*

Jetzt höre ich viele von Ihnen protestieren: „Aber das ist doch nichts Neues. Nichts, was ich nicht wüßte. Natürlich glaube ich, daß die Gnade uns erlöst, *nur* die Gnade. Unterstellen Sie mir, daß ich an eine Erlösung aufgrund eigener Werke glaube, d. h. an eine Werkgerechtigkeit? Nein, als ich Christus bei meiner Bekehrung als Erlöser annahm, habe ich das alles hinter mir gelassen. Ich gebe zwar zu, daß ich manchen Leuten ähnele, die Sie im ersten Kapitel dieses Buches erwähnt haben. Aber auf keinen Fall kann *dies* die Ursache sein. In unserer Kirche wird auf die rettende Gnade sehr viel Gewicht gelegt; auch ich selbst glaube fest daran und gebe davon sogar Zeugnis."

Ich zweifle nicht an Ihrer Aufrichtigkeit, trotzdem möchte ich Sie bitten, die Sache noch ein wenig gründlicher zu durchdenken. Ich habe solche Aussagen einfach schon zu oft gehört. Seit fast 25 Jahren genieße ich das Vorrecht, Studenten und Lehrer am College und am Theologischen Seminar von Asbury in diesen Fragen zu beraten. Beide Schulen sind ausgesprochen evangelikal in ihrer Theologie und evangelistisch in ihren Missionsbestrebungen. Fast jeder, der bei mir in der Seelsorge war, hatte deshalb eine biblisch fundierte Auffassung von Gnade. Je tiefer wir aber in unseren Gesprächen vordrangen, desto deutlicher kam heraus, daß sich das ganze Wissen „nur in ihren Köpfen" befand. Sicher ist es gut, die richtige Theologie zu haben, doch das allein genügt nicht. Oft genug schieben wir sie nämlich zu unserem Selbstschutz vor und kommen damit der Wurzel unserer Probleme nicht auf die Spur.

TIEFREICHENDE GNADE

Bei der „gesunden" Lehre von der Gnade kann es sich um ein rein lehrsatzmäßiges Wissen handeln, etwas, das man im Kopf, aber nicht im Herzen hat. Wir halten den Begriff *gut level* („Es schlägt mir auf den Darm . . .") heute für ziemlich modern und realistisch. Aber es ist faszinierend, wenn wir daran denken, daß Menschen in biblischer Zeit den Bauch oder den Leib als Ausgangspunkt tiefempfundener Erfahrungen und Gefühle ansahen. Wo in neueren Bibelübersetzungen daher vom „Herzen" die Rede ist, wird in älteren englischen Übersetzungen noch vom „Leib" und den „Eingeweiden" (bowels) gesprochen.

Aus seinem Leib werden Ströme lebendigen Wassers fließen (Johannes 7,38).

Wenn es nun irgendeine Ermunterung in Christus gibt, wenn irgendeinen Trost der Liebe, wenn irgendeine Gemeinschaft des Geistes, wenn irgendein herzliches Mitleid (im Engl. „bowels", was wörtlich übersetzt „Eingeweide" bedeutet. Anm.d.Übers.) . . ." *(Philipper 2,1).*

Ja, Bruder, ich möchte deiner froh werden im Herrn; erquicke mein Herz (engl. „bowels" = Eingeweide) *in Christus (Philemon 20).*

Wer aber der Welt Güter hat und sieht seinen Bruder Mangel leiden und verschließt sein Herz (engl. "bowels") *vor ihm, wie bleibt die Liebe Gottes in ihm? (1. Johannes 3,17).*

In biblischer Zeit wurde das Wort „Eingeweide" für das gebraucht, was wir heute als unser „Innerstes" bezeichnen würden. Der Begriff umfaßte nicht nur Gefühle, sondern auch Verhaltensweisen, Handlungen und Taten. Das gesamte Denken, Fühlen, Tun und Erfassen von Zusammenhängen war gemeint, die ganze Persönlichkeit – bis in ihre tiefsten Tiefen.

Viele Christen haben heute eine „gesunde Lehre" von der Gnade, der sie verstandesmäßig voll und ganz zustimmen. Es ist eine Wahrheit über Gott, an die sie glauben. Es handelt sich aber nicht um ihr ureigenes, innerstes Leben mit Gott, um ihr Verhältnis zu sich selbst und zu ihren Mitmenschen. Es ist toter Buchstabe – eine Wahrheit, die geglaubt, aber nicht ausgelebt wird.

Ted war ein älterer Seminarstudent, der einige familiäre Probleme mit mir besprechen wollte. Wie so viele, die heute eine theologische Zweitausbildung beginnen, weil der Herr sie in seinen Dienst gerufen hat, war Ted verheiratet und hatte halberwachsene Kinder. Er hatte seinen gutbezahlten Job aufgegeben, nachdem er und seine Frau eine erstaunliche Bekehrung erfahren hatten. Jetzt hatte er an den Wochenenden einen Verkündigungsdienst in zwei ländlichen Gemeinden übernommen. Er war ein eifriger Schüler, der auch seine Gemeindeglieder treu besuchte. Mit großem Nachdruck predigte er die verwandelnde Gnade Gottes und erlebte, wie Menschenleben verändert wurden, und die Gemeinden wuchsen.

Dann begann seine älteste Tochter gegen dieses neue Leben zu rebellieren. Arbeit und Lebensstil veränderten sich. Kleidung, Frisur, Freunde, Umgangssprache, Gewohnheiten – alles wurde anders, und sie wurde ihm im Blick auf seine Seminarkollegen und Gemeindeglieder zu einem Ärgernis. Ted mußte mit Erstaunen feststellen, wie aufgebracht er über das Verhalten seiner Tochter war. Auch ein gewisser Groll gegen Gott stellte sich ein. Wie konnte er so etwas zulassen, wo sie doch ein so großes Opfer gebracht hatten, um auf Gottes Ruf mit dem vollzeitlichen Dienst zu antworten.

Im Laufe unseres Gesprächs stellte ich in den Raum, daß Gott diese Situation möglicherweise zugelassen hatte, um ihm vor Augen zu führen, wie groß Gottes Schmerz über seine eigenen Sünden gewesen waren, so daß ihm bewußt werden sollte, was es mit der Liebe und Gnade Gottes im tiefsten auf sich hatte. Während Ted noch mit seinem Ärger zu kämpfen hatte und sich ungerecht behandelt vorkam, trafen wir uns mehrmals, um miteinander zu sprechen und zu beten. Ganz allmählich begann er zu begreifen, was bedingungslose Liebe und unverdiente Gnade bedeuten–, daß Gott uns nämlich immer annimmt und liebt, auch wenn er unser Verhalten nicht billigen kann.

Als Ted sich dann bemühte, seiner Tochter ein gnädiger Vater zu sein, wirkte sich das auf beide positiv aus. Tief bewegt sagte er bei unserem letzten Treffen: „Wissen Sie, ich habe viel über Gottes Gnade gewußt und auch mit ganzem Herzen an sie geglaubt. Immer wieder habe ich über die Gnade gepredigt und ihre verwandelnde Kraft im Leben von Menschen erlebt. Doch eigentlich spielte sich alles nur in meinem Kopf ab. Jetzt hat Gott die Erschütterung über meine Tochter benutzt, um mir seine Gnade richtig begreiflich zu machen. Sie ist mir gleichsam „zu Herzen ‚gerutscht'".

Vielleicht sind Sie der Meinung, daß das auch bei Ihnen geschehen müßte. Auch Sie verspüren den sehnlichen Wunsch in sich, daß Ihr theologisches und verstandesmäßiges Wissen über Gnade sich in reale Erfahrung verwandelt. Warum aber erscheint es Ihnen so schwer, ja fast unmöglich, die Gnade in jedem Bereich Ihres Lebens auszuleben? Warum halten Sie so hartnäckig an unbiblischen Formen und Vorschriften fest, die nur dazu dienen, Ihr Leben unglücklich zu machen?

An dieser Stelle scheint es am einfachsten, zum Garten Eden zurückzugehen und über die Folgen des Sündenfalls nachzudenken: den Stolz des Menschen, seine Ichhaftigkeit und Rebellion gegen

Gott. Schließlich liegt hier die Wurzel allen Übels. Doch wenn wir das hier täten, wären wir wieder bei der Theorie, der bloßen Lehre, die keine wirkliche innere Veränderung zu bewirken vermag. Leider machen viele Pastoren und Seelsorger diesen Fehler und gehen damit am eigentlichen Problem vorbei: den verborgenen Hindernissen, die vielen Menschen den Weg zur Gnade versperren. Zu diesen Hindernissen gehören natürlich auch Gedanken, die sich im Bewußtsein der Person abspielen; doch auch Gefühle, Gewohnheiten, Verhaltensweisen, Reaktionen, Neigungen und Annahmen gehören dazu, die aus früheren Erfahrungen und Beziehungen resultieren, aber ins Unterbewußtsein abgewandert sind. Es handelt sich dabei nicht einfach um Ideen oder geistige Vorstellungen. Es sind gleichsam Gefühlskonzepte, Vorstellungen, die so von Gefühlen durchsetzt sind, daß es zwischen ihnen zu einer Wechselwirkung kommt. Diese Gefühlskonzepte müssen vom Evangelium durchtränkt werden; in vielerlei Hinsicht muß hier die heilende Gnade einsetzen und zu einem erneuerten Denken führen.

KULTURELL BEDINGTE GNADENHINDERNISSE

In anderen meiner Bücher habe ich beschrieben, wie familiäre Erfahrungen und Beziehungen ein völlig verzerrtes Gottesbild in uns auslösen können. In ähnlicher Weise kann unser Verständnis von Gnade durch gewisse Auffassungen beeinflußt werden, die einen Kulturkreis kennzeichnen. Die meisten Gedanken dieses Abschnitts verdanke ich Ralph Satter, Graduierter der E. Stanley Jones Schule für Mission und Evangelisation. Mit seiner Erlaubnis zitiere ich einige Ausschnitte aus seiner vorbereiteten Doktorarbeit.

Wissenschaftler, die sich dem Studium anderer Völker und Kulturen widmen, nennt man Anthropologen. Ihre Forschungen haben endgültig bewiesen, daß Lebens- und Wirklichkeitssinn von Land zu Land völlig differieren können. Es liegt an der sogenannten Weltanschauung, einer Art Denkmaßstab, an dem sich die Einstellung zum Leben sowie die Lebensweise eines Volkes orientiert. Diese Weltanschauung hängt weitgehend von der Art ihrer Überzeugungen, ihrer Annahmen und Wertvorstellungen ab, die eigentlich immer als selbstverständlich vorausgesetzt werden. Obwohl man selten über sie spricht, sie in Frage stellt oder sich ihrer überhaupt bewußt ist, sind sie ständig gegenwärtig.

Während meines sechzehnjährigen Missionsdienstes in Indien hatte ich ständig mit den Unterschieden zwischen amerikanischer und indischer – vorwiegend hinduistischer – Weltanschauung zu kämpfen. Wenn ich über die Wiedergeburt predigte, kam es oft zu Mißverständnissen, weil man Reinkarnation, d. h. Seelenwanderung darunter verstand. Bei seinem Indienbesuch machte Chruschtschow einen guten Eindruck, später aber, vor den Vereinten Nationen, war das anders. Wütend zog er einen seiner Schuhe aus und schlug damit auf den Tisch. Indien war schockiert! Schuhe wecken in diesem Land Assoziationen von Schmutz und Dreck. Mit dem Schuh zu drohen oder zu schlagen, ist deshalb die schlimmste aller Beleidigungen. Oder haben Sie jemals versucht, einem Menschen beizubringen, daß Krankheiten von Bakterien verursacht werden, wenn dieser davon überzeugt ist, daß sie auf böse Geister zurückzuführen sind? Jedes noch so vernünftig scheinende Argument, wie „Bakterien sind unsichtbar und gelangen in den Körper", wird sie in ihrer Weltanschauung nur noch bestärken. Für sie liegt auf der Hand, daß es die Geister sind, die unsichtbar in den Körper gelangen.

Die Weltanschauung ist wie eine Brille, durch die Menschen das gesamte Leben betrachten. Der Brechungswinkel der Gläser entspricht dem Schliff, den der Optiker ihnen gegeben hat. In gleicher Weise hängt unsere Weltanschauung von der Refraktion unserer grundlegenden Gedanken, Ideale und Wertvorstellungen ab.

Fragen wir uns an dieser Stelle einmal nach der Art unserer nordamerikanischen Weltanschauung. Wie sieht man das Evangelium durch die Brillengläser unserer Kultur? Kann es sein, daß mit dem „American way of life" so feste Annahmen und Wertvorstellungen verknüpft sind, daß sie das biblische Verständnis von der freien, erlösenden Gnade verzerren und verdrehen? Haben sie soviel Macht, daß sie uns das Leben aus der Gnade schwer machen? Lassen Sie uns drei Aspekte unserer Kultur näher betrachten, die das Leben aus der Gnade behindern können:

SELBSTVERTRAUEN

Die meisten Forscher würden bestätigen, daß dem Vertrauen zu sich selbst in der amerikanischen Kultur ein hoher Stellenwert zukommt. Nehmen Sie beispielsweise einen Amerikaner, der im Alter von seinen Kindern abhängig ist, und vergleichen Sie ihn mit einem Chinesen in ähnlicher Lage. Der Chinese, in dessen Gesellschaft Selbstvertrauen und Unabhängigkeit nicht zu den absoluten Idealen gehören, ist stolz auf seine Kinder und lobt sie wegen ihrer Fürsorge. Der Amerikaner dagegen schämt sich. Niemand soll etwas davon erfahren. Er zieht die Unabhängigkeit vor und würde lieber einen Kredit bei der Bank beantragen, statt Verwandte zu belästigen. Und wenn etwas schief geht und er Freunde belästigen muß, neigt er dazu, sich dafür zu entschuldigen.

Dieses Selbstvertrauen steht in ziemlichem Gegensatz zum Begriff der Gnade, denn Gnade ist immer Geschenk. Gnade beinhaltet Vertrauen zu Gott und Abhängigkeit von ihm. Verläßt sich ein Christ in extremer Weise auf sich selbst, neigt er zu Selbsterlösung und Selbsterhaltung. Es ist schwer vorstellbar für Amerikaner, daß Abhängigkeit etwas Gutes bewirken könnte. Aber gerade darum geht es ja bei der Gnade! Das Ideal der Selbstgenügsamkeit und Autarkie, das bei den meisten Amerikanern anzutreffen ist, hat bei vielen Christen zur Folge, daß sie Gnade und Leistung verwechseln und nie aus der Tretmühle eigener Anstrengungen herauskommen. Obwohl sie von Gnade reden, leben sie so, als ob Rettung und Sicherheit davon abhingen, wieviel sie beten, lesen, opfern, für den Herrn arbeiten oder Zeugnis geben.

INDIVIDUALISMUS

Dieser Begriff läßt sich am einfachsten so definieren: „Man tut, was man will." Wegen dieser Überbetonung individualistischer Tendenzen begegnen wir heute geradezu lächerlichen Auslegungen der amerikanischen Verfassung.

Der Individualismus ist von vielen großen Schriftstellern Amerikas besungen worden, u.a. auch von Ernest Hemingway. In dem 1985 erschienenen Bestseller *Habits of the Heart: Individualism and Commitment in American Life* (Gewohnheiten des Herzens – Amerikanischer Individualismus und persönlicher Einsatz) weisen Robert Bellah und seine Kollegen lobend auf verschiedene Aspekte des amerikanischen Individualismus hin, die es möglich machen, daß Menschen aus eigener Initiative zu Wohlstand und Selbstverwirklichung gelangen. Interessanterweise wird auch der „biblische

Individualismus" in diesem Buch erwähnt.

Hebt die Bibel aber den einzelnen heraus, so wird immer auch auf die Liebes- und Gerichtstaten Gottes in den Familien, Gemeinden und Volksgruppen hingewiesen. Im Neuen Testament hat die erlösende Gnade immer einen festen Bezug; sie wird nur in Zusammenhang mit Christus und seiner Gemeinde gebraucht. Von einem Einsiedlerchristentum ist nirgendwo die Rede. Immer sind die Heiligen angesprochen, nicht die einzelnen Gläubigen. Die Gnade wird in der Gemeinde der Gläubigen empfangen und ausgelebt. Den Bedingungen der Schrift folgt die Verheißung: *Und du wirst errettet werden – du und dein Haus (Apostelgeschichte 16,31).*

Für viele Menschen ist die Religion nur einer von vielen Wegen zur Selbsterkenntnis und Selbstverwirklichung, kein Gnadengeschenk Gottes. Sie lassen Christus nicht in sich regieren, und ihr Verhältnis zu den Mitmenschen wird nicht von der Gnade bestimmt. Erlösung ist aber immer mit totaler Christusabhängigkeit verbunden, getreu dem Wort: *Ohne mich könnt ihr nichts tun.*

AKTIVISMUS

Für verschiedene Anthropologen ist der amerikanische Aktivismus eine optimistische Bewertung der eigenen Anstrengung. „Sie können alles tun/sein/bekommen, was Sie wollen, wenn Sie nur fleißig genug darauf hinarbeiten. Gelingt es nicht gleich, versuchen Sie es wieder und wieder." Bellah stellte fest, daß Amerikaner unbedingt durch eigene Arbeit etwas aus sich machen wollen.

Tatsächlich werden Tat und Gehorsam überall in der Schrift betont. Wir sollen ja „Täter" und „Hörer" des Wortes sein (Jakobus 1,22). Allerhand gute Werke werden von uns erwartet, doch niemals, um damit Gottes Anerkennung zu gewinnen oder zu verdienen. Christus starb für uns, lange bevor wir irgend etwas zu unserer Erlösung beitragen konnten. Er starb, als wir – noch beherrscht von der Sünde – kraftlos am Boden lagen (Römer 5,6-8). Die Erlösung ist demnach ein reines Gnadengeschenk, bei dem es viel mehr um Annahme als um Leistung geht. Gute Werke sind Folge und nicht Bedingung des Angenommenseins. Sie ergeben sich als Antwort auf Gottes bedingungslose Liebe.

Doch für die Amerikaner sind Anerkennung, Erfolg und persönlicher Status Lohn für gute Leistungen. Überträgt man dieses Wertsystem ins christliche Leben, wird die Errettung zu einer Angelegenheit eigener Bemühungen. Ein Comic-Traktat, in dem es um die Pharisäer von heute ging, trug die Überschrift: „Wir erlangen unsere Gerechtigkeit auf alterprobte Weise – wir verdienen sie uns!" Es ist leider wahr: die Amerikaner haben es schwer mit der Gnade. Und das gilt ebenso für viele Mittel- und Nordeuropäer.

Satter betont, daß es zu den besten Begleiterscheinungen spezieller evangelistischer Schulungen gehört, daß viele der Freiwilligen zum ersten Mal persönlich erfahren, was Gnade bedeutet. Dabei kann es sein, daß die Zeit ihrer Bekehrung schon Jahre zurückliegt.

Aufgrund der Tatsache, daß viele kulturelle Aspekte der Amerikaner exportiert worden sind, finden wir sie jetzt auch in anderen Ländern der Welt. Nehmen wir zum Beispiel Devadas, von dem anfangs die Rede war. Er entstammte einer in dritter Generation christlichen Familie und war sehr verwestlicht in seinen Ansichten. Viele Menschen in den Entwicklungsländern stehen in bezug auf das Verständnis von Gnade vor ähnlichen Hindernissen. Obwohl wir den Fortschritt begrüßen, stellen wir mit Bedauern fest, wie sich auch in jenen Ländern das rechte Verständnis von der Gnade verwischt. Das abtrünnige Amerika braucht Heilung und keinen Export seiner falschen Ansichten!

WIE STEHT ES UM DIE GEMEINDE JESU?

Man könnte meinen, die Gemeinde – d. h. der von Gott ins Leben gerufene unsichtbare Leib Christi – sei von dieser Problematik ausgenommen. Schließlich hat es im Laufe der Geschichte Zeiten und Orte gegeben, in der die Gemeinde Jesu großen Einfluß auf ihre Umgebung ausgeübt und oft gewaltige Siege über das Böse errungen hat. So wird allgemein zugegeben, daß die Erweckung unter Wesley im 18. Jahrhundert dazu führte, England vor dem Chaos und der Brutalität eines Aufstands nach Art der Französischen Revolution zu bewahren. Viele Sozialreformen gehen auf den unermüdlichen Einsatz evangelischer Christen im Parlament zurück, angefangen bei der Abschaffung der Sklaverei, bis hin zu einem Gesetz, das vorsah, Schiffe an der Seite mit einer markierten Ladelinie zu versehen. Vorher hatten habgierige Schiffseigentümer ihre Schiffe oft überladen, so daß viele Seeleute im Sturm ums Leben gekommen waren.

Es ist wahr, *unser Bürgerrecht ist in den Himmeln (Philipper 3,20)*, und wir sind aufgerufen, uns nicht dieser Welt gleichzustellen, sondern uns verändern zu lassen – was sicher auch Auswirkungen auf die Gesellschaft hat, in der wir leben.

Es ist auch eine Tatsache, daß die Gemeinde Jesu sehr dazu beigetragen hat, daß Menschen die rettende Gnade an sich erfuhren. Die Römisch Katholische Kirche würde sogar so weit gehen, sich als die allein seligmachende Kirche zu bezeichnen. Doch all diesen Vorstellungen fehlt etwas Wesentliches. Die Gemeinde Jesu, d. h. der universale, unsichtbare Leib Christi, der sich aus allen denen zusammensetzt, die sich zu Jesus als ihren wahren Erlöser und Herrn bekennen, ist ein heiliger und perfekter Organismus. Doch die sichtbare Gemeinde, wie wir sie erleben, stellt sich uns als sehr menschlicher, unvollkommener Organismus dar, der die gefallene Natur und die Mangelhaftigkeit menschlicher Strukturen erkennen läßt.

Da jeder echte Gläubige ein lebenswichtiges Glied am unsichtbaren Leib Christi ist, wollen wir uns an dieser Stelle mit der sichtbaren Gemeinde am Ort beschäftigen. Dabei müssen wir uns immer bewußt sein, daß es sich bei allen, die zu dieser sichtbaren Gemeinde gehören, um Angehörige einer bestimmten Kultur handelt. Es sollte uns deshalb nicht überraschen, wenn wir innerhalb der Gemeinde gewissen Hindernissen im Annehmen und Ausleben der Gnade begegnen.

DAS EVANGELIUM DES ERFOLGS

Es ist offensichtlich, daß der westliche Aktivismus die Erfolgsvorstellungen der Gemeinde Jesu infiziert hat. Umfang und Art der gemeindlichen Veranstaltungen, Höhe des jährlichen Budgets, stetiges Gemeindewachstum und steigende Besucherzahlen entscheiden darüber, ob eine Gemeinde oder ein Dienst als erfolgreich angesehen wird oder nicht.Das sogenannte Gesundheits- und Wohlstandsevangelium, wie es von vielen Pastoren und Fernsehevangelisten propagiert wird, ist in diesem Zusammenhang wohl das extremste Beispiel. Der ganze Umfang dieser „Sprich-und-Nimm-Verkündigung" zeigt, daß das Christentum buchstäblich von der westlichen Lebensart aufgesaugt werden kann. Ist es da verwunderlich, daß der Gemeinde von säkularen Komikern unterstellt wird, ein „Plapper-und-Grapsch-Evangelium" zu verkündigen?

Für uns, die wir als Missionare unter den Armen und Unterdrückten gelebt haben, ist dieses verdrehte Evangelium schockierend. Wenn ich an die Tausende treuer indischer Christen denke, die auf die Barmherzigkeit ihrer ungläubigen Nachbarn angewiesen sind, weil sie kein eigenes Land besitzen, Menschen, die Opfer bringen für ihren Glauben und ums Überleben kämpfen, bin ich über dieses Erfolgschristentum unserer Wohlstandsgesellschaft entsetzt und verärgert. Ich hörte einmal eine Predigt über das Gleichnis vom Reichen Jüngling mit einer geradezu unglaublichen Schlußfolgerung. Sie erinnern sich sicher an die Geschichte: Jesus fordert den jungen Mann auf, seinen gesamten Besitz aufzugeben, sein Kreuz auf sich zu nehmen und ihm zu folgen. Der Fernsehevangelist, der den jungen Mann als Millionär bezeichnete, gab dazu folgenden Kommentar: „Wie dumm von ihm! Es war ihm nicht bewußt, aber wenn er seinen Besitz im Gehorsam geopfert hätte, wäre mit Jesu Hilfe ein Billionär aus ihm geworden!"

Die meisten Gemeinden sind sicherlich nicht so extrem. Doch wer könnte bestreiten, wieviel Nachdruck auf Aktivitäten und Gemeindeprogramme gelegt wird. Sie gehören einfach zum wöchentlichen Routineablauf der Gemeinde. Oder denken wir an den regelmäßigen Aufruf des Pastors, sich bei diesen Aktivitäten zu beteiligen, damit die Tiefe unserer christlichen Erfahrung unter Beweis gestellt wird. So kommen wir allmählich zu dem Schluß, daß siegreiches christliches Leben von der Qualität unserer Mitarbeit im Gemeindeprogramm abhängig ist. Kein Wunder, daß der Durchschnittspastor frustiert ist. Es ist seine Verantwortung, alles auf dem laufenden zu halten, Geld zur Bezahlung der Rechnungen zu erheben und den gemeindlichen Verpflichtungen nachzukommen. Wenn es hier wegen mangelnder Einsatzfreudigkeit der Gemeinde hapert, besteht die Tendenz, daß der Pastor in seinen Predigten immer wieder dieses Thema aufgreift. Menschen gewinnen daraufhin den Eindruck, daß es beim Christentum nur um Einsatz und Leistung geht. Diese Art Glaubenseinsatz wird dann zum Mittel der Selbstrechtfertigung.

Wie weit ist das alles vom eigentlichen Evangelium der freien, unverdienten Gnade entfernt! Sie allein kann uns in das rechte Verhältnis zu Gott bringen, so daß wir zu „Kindern Gottes" werden (1. Johannes 3,1). Gottes Gnade verleiht uns Würde und Wert, nicht das, was wir mit Erfolg bewältigen. Ich glaube, daß das verzerrte Leistungsevangelium in den Kirchen sehr dazu beiträgt, daß so viele Menschen sich so klein und minderwertig vorkommen. Auch falsche Schuld- und Schamgefühle haben hier ihre Ursache. Man hat uns Schuldgefühle anerzogen, und wir reagieren entsprechend, sobald wir nicht auf allen Lebensgebieten erfolgreich sind, sei es in der Gemeinde, im Beruf, in Ehe und Familie oder wenn es uns nicht gelungen ist, mit einem besonders schwierigen Menschen zurechtzukommen. Dies wird offensichtlich auch auf Situationen übertragen, an denen wir nicht schuld sind oder auf die wir keinen Einfluß haben. Ein Beispiel hierfür ist die Art und Weise, in der in vielen Gemeinden auf Geschiedene herabgeblickt wird. Man wertet sie moralisch ab, ohne die Scheidungsursache in Betracht zu ziehen.

Angesichts des „Erfolgsolls", das unterschwellig in so vielen Gemeinden propagiert wird, kann man sich leicht als Versager vorkommen. Dies gilt sowohl für die Geistlichkeit als auch für den Laienstand. So mancher junge Pastor ist schon unter dem Leistungsanspruch seiner örtlichen Gemeinde zusammengebrochen und schließlich aus dem Dienst ausgeschieden.

DAS EVANGELIUM DES AUF SICH SELBST VERTRAUENDEN INDIVIDUALISMUS

Ein weiterer Aspekt des Gemeindelebens, der sich mit dem biblischen Verständnis von Gnade nicht vereinbaren läßt, ist die Überbetonung der persönlichen Nachfolge gegenüber offenen, von der Gnade geprägten Beziehungen zu anderen Menschen. Das Neue Testament geht stets davon aus, daß wir, nachdem wir Gottes bedingungslose Annahme und Gnade erfahren haben, diese Gnade auch an andere Menschen weitergeben. Voraussetzung hierfür ist allerdings eine entsprechende Gemeindeatmosphäre. Doch die meisten Kirchen funktionieren nach dem „Zuschauerprinzip". Es gibt nur wenig oder wenig echten Kontakt unter den Gemeindegliedern. Die meisten von uns geben sich ungern zu erkennen. Besonders in der

Kirche meinen wir, uns immer von der besten Seite zeigen zu müssen, damit „unser Heiligenschein nicht verrutscht". Kommt das Erfolgsdenken noch hinzu, scheuen oder schämen sich die meisten, anderen ihre Probleme und Schwächen anzuvertrauen. „Als rechter Christ sollte ich selbst damit fertig werden", denkt so mancher. Dies trägt sicherlich auch dazu bei, daß man jenen Eindruck von Unnatürlichkeit und Unechtheit bekommt, von dem eingangs die Rede war.

Trotz treuer Gottesdienstbesuche und Mitarbeit in der Gemeinde kommt es oft vor, daß man an Gläubigen die Veränderungen vermißt, die die erfahrene Gnade bewirkt haben müßte. Ihre tiefsten Bedürfnisse sind nach wie vor unerfüllt, ja noch nicht einmal aufgedeckt. Das Tragische ist, daß es diese Menschen aufgrund der sterilen Atmosphäre in der Gemeinde nicht wagen, ihren wahren Zustand zu offenbaren. Auf diese Weise verstärken sich ihre seelischen und geistlichen Probleme noch, und sie bleiben enttäuscht und entmutigt auf der Strecke.

DAS GESETZESEVANGELIUM

Schon immer hatte die Kirche Probleme mit der Gesetzlichkeit. Der Glaube, daß man durch Einhaltung gewisser Gebote und Regeln gerettet wird, existiert seit Menschengedenken. Der Gedanke, man könne sich Gottes Zustimmung und Liebe durch Befolgen gewisser moralischer Gesetze verdienen, ist der zentrale Irrtum aller Religionen.

Evangelische Gemeinden und Pastoren glauben und verkünden, daß die Rettung allein durch den Glauben und die Gnade Gottes erfolgt. Werkgerechtigkeit ist deshalb für sie kein Thema. Trotzdem werden die Lektionen und Predigten manchmal nicht als Gnadenbotschaft verstanden. Bei den Zuhörern kommt sie aufgrund ihrer kulturellen und religiösen Prägung verzerrt an. Das Ergebnis ist ein widersprüchliches Evangelium: eine Mischung von Gnadenbotschaft und guten Werken, von bedingungsloser Liebe und leistungsabhängiger Annahme. Wie bei allen vermischten Botschaften hat das Verwirrung und Schwierigkeiten im seelisch-geistlichen Bereich zur Folge.

Nachdem wir einige der üblichen Aspekte des Lebens betrachtet haben, die man gewöhnlich nicht als Hemmschuhe der Gnade erkennt, wollen wir uns nun mit dem größten aller Hindernisse befassen — den gestörten zwischenmenschlichen Beziehungen in Ehe und Familie.

KAPITEL 3

Die Eltern als Vorbild oder Gnadenhindernis

Gott gebraucht viele Mittel, um uns von der Notwendigkeit unserer Erlösung zu überzeugen. Auch das Vorbild der Eltern gehört dazu, das Gott als mildes, aber äußerst wirksames Vorbereitungsmittel zum Empfang der Gnade gedacht hat. Immer wieder lesen wir in der Bibel, daß Gott einen Bund mit ganzen Familien schloß. Es war seine Absicht, daß die Kinder, die in diesem Bund mit eingeschlossen waren, „in der Unterweisung und Ermahnung des Herrn erzogen wurden", so daß sie es lernten, den Herrn zu lieben und ihm zu dienen.

Als ich ein Junge war, erzählten mir meine Eltern oft, daß sie schon lange vor meiner Geburt für mich gebetet hatten. Das gefiel mir ganz und gar nicht. Ich fühlte mich in unfairer Weise vorprogrammiert, so daß ich gar keine andere Wahl zu haben schien. Erst später, als ich Einblick in andere Familien bekam, fing ich an, die Gebete meiner Eltern zu schätzen. Jemand sagte einmal, daß wir schon am Tag unserer Geburt Schulden hätten – nämlich für neun Monate Vollpension! Dies trifft für uns alle zu, wieviel mehr aber für die, die ein christliches Zuhause haben.

Bevor uns bewußt werden kann, welch schlimmes Hindernis ein schlechtes Zuhause für den Empfang der Gnade sein kann, müssen wir uns dem positiven elterlichen Einfluß zuwenden, wie ihn Gott als vorbereitende Gnade für die Kinder gedacht hat.

An dieser Stelle haben wir zwei Möglichkeiten. Wir können die Ergebnisse der psychologischen Forschung und der Verhaltensforschung (ermittelte Wahrheit) zugrunde legen, um festzustellen, wie ein gutes Zuhause und die rechte elterliche Fürsorge aussehen sollten. Oder wir orientieren uns zunächst an der Schrift (offenbarte Wahrheit) und nehmen dann später die Untersuchungsergebnisse der Entwicklungspsychologie hinzu, um diese Grundsätze zu beleuchten. Da für mich als evangelischer Christ die Bibel Ausgangspunkt und Prüfstein jeglicher Wahrheit ist, werden wir hier beginnen.

DAS ELTERLICHE VORBILD IM LEBEN JESU

Werfen wir einen Blick auf das Beispiel einer perfekten Familie, das uns in der Heiligen Schrift überliefert ist: die Familie Jesu. Als der Sohn Gottes in dem Menschen Jesus von Nazareth zur Welt kam, setzte er damit die menschlichen Wachstums- und Entwicklungsgesetze nicht außer Kraft. Gott konnte und wollte den normalen Zeugungsprozeß auf dem Weg der sogenannten „Jungfrauengeburt" umgehen, doch dieser Begriff ist irreführend. Gemeint ist in Wirklichkeit die jungfräuliche Empfängnis, entsprechend der Aussage im Glaubensbekenntnis, daß Jesus „vom Heiligen Geist empfangen wurde". Dies war mit Sicherheit etwas Übernatürliches, ein Wunder. Doch vom Augenblick seiner Empfängnis an vollzog sich alles nach den regulären Gesetzen der menschlichen Entwicklung. Jesu Empfängnis geschah auf übernatürliche Weise, doch wuchs er wie alle menschlichen Babys im Leib seiner Mutter heran und wurde auf natürlichem Wege geboren.

In Philipper 2,6-8 beschreibt Paulus die tiefe Selbsterniedrigung Jesu, die Selbstentäußerung und Demütigung, die mit der Aufgabe seiner Gottgleichheit und seines königlichen Hoheitsrechts verbunden war. Was Jesus nicht aufgab, war sein menschliches Zuhause mit einer Mutter und einem Vater, die über die gottgegebenen Eigenschaften guter Eltern verfügten. Gott selbst hat Weg und Ziel der Familie in dieser Welt vorgeschrieben, einen Weg, der seinem eigenen Wesen entspricht.

In der Heiligen Schrift wird uns die Jungfrau Maria als eine dem Herrn gehorsame Frau mit gottähnlichem, geheiligtem Wesen vorgestellt (Lukas 1,26-55) und Joseph als ein gerechter, unbescholtener Mann, dessen Charakter von Beständigkeit und Gottesfurcht gekennzeichnet war (Matthäus 1,18-25). Wir sehen in ihnen ein Ehepaar, das den geistlichen Werten des Lebens einen hohen Wert beimaß. Lukas beschreibt die natürliche Auswirkung einer solchen Ehe, indem er von Jesus schreibt: *Das Kindlein aber wuchs und erstarkte, erfüllt mit Weisheit, und Gottes Gnade war auf ihm (Lukas 2,40).* In voller Anerkennung der einzigartigen Göttlichkeit Christi meine ich doch sagen zu dürfen, daß sich Gott besonders der elterlichen Fürsorge von Maria und Joseph bediente, um Jesus in dieser besonderen Phase seines Lebens die Liebe Gottes nahezubringen.

Müssen wir nicht daraus schließen, daß der himmlische Vater sorgfältig das richtige Familienklima für den menschlichen Geist seines Sohnes ausgewählt hatte, damit dieser die rechte Identität, Sicherheit und Selbstachtung fand?

Dies kann nur dann geschehen, wenn ein Mensch in den wichtigen Entwicklungsjahren seines Lebens bedingungslos angenommen wird und körperliche und seelische Zuwendung, Festigkeit, Liebe und Zucht erfährt. Hierzu sind gottesfürchtige Eltern nötig, denen man Gerechtigkeit, Freundlichkeit und Güte nachsagen kann. Wenn wir die Familie aus Nazareth zum Maßstab nehmen, so können wir davon ausgehen, daß alles, was von diesem Vorbild in Richtung Ungerechtigkeit, Labilität, Lieblosigkeit oder Mangel an Zucht abweicht, charakterliche Entartung und Entstellung zur Folge hat. Solche Schäden werden zu Barrieren der Gnade, indem sie später, oft unter dem Druck eines leistungsabhängigen Lebens, zu seelischen und geistlichen Problemen führen.

Lukas war ein erstaunlich guter Historiker. Er datierte mit geradezu klinischer Genauigkeit, wie man es von einem Arzt erwarten würde. Den Zeitpunkt, als Simeon und Hanna im Tempel von Jerusalem über Jesus weissagten, beschreibt er so: *Und als die Tage ihrer Reinigung nach dem Gesetz Moses vollendet waren . . .* Das heißt, Jesus war damals 40 Tage alt.

Und als sie alles vollendet hatten nach dem Gesetz des Herrn, kehrten sie nach Galiläa zurück in ihre Stadt Nazareth. Das Kindlein aber wuchs und erstarkte, erfüllt mit Weisheit, und Gottes Gnade war auf ihm (Lukas 2,39-40). Lukas gebraucht hier das griechische Wort *paidion*, was „kleines Kind" bedeutet. Es besteht kein Zweifel, daß Gottes Gnade in den ersten Entwicklungsjahren Jesu durch die liebevolle Fürsorge seiner Eltern „auf" ihn kam. Sie waren gleichsam der Kanal der Liebe Gottes. Das Ergebnis können wir an dem ablesen, was über den zwölfjährigen Jesus geschrieben steht: *Und er ging mit ihnen hinab und kam nach Nazareth, und er war ihnen untertan . . . Und Jesus nahm zu an Weisheit und Alter und Gunst bei Gott und Menschen (Lukas 2,51-52).*

Gott hat uns damit einen Maßstab für elterliches Verhalten gegeben. Beachten Sie die fünf Einflußgebiete der Eltern und die daraus resultierende Persönlichkeitsentwicklung, die Gottes Wort uns so deutlich vor Augen führt.

1. KÖRPERLICHE ENTWICKLUNG

Das Kindlein aber wuchs und erstarkte (*Lukas 2,40).* Damit ist offensichtlich von Jesus als Kleinkind die Rede. *Und Jesus nahm zu an . . . Alter (2,52)* heißt es, als Jesus zwölf Jahre alt war.

Nahrung und Schutz, die Stillung dieser Grundbedürfnisse, sind elementarstes Element der elterlichen Fürsorge. Untersuchungen an unterernährten Kindern in den Hungergebieten Afrikas haben ergeben, daß sich bleibende Gehirnschäden und seelische Beziehungsstörungen als Folge der Mangelernährung einstellen. Wir sind gerade erst dabei, die seelisch-körperlichen Folgen der Unterernährung und Armut zu erkennen. Und es wird immer deutlicher, wohin es führt, wenn Kinder in einer wohlhabenden Umgebung großwerden, in der Tabak, Drogen, Alkohol und ein Überangebot an Süßigkeiten und Fertignahrung zum Alltäglichen gehören. Beides hat gesundheitliche Mangelerscheinungen zur Folge.

2. GEISTIGE AUSWIRKUNGEN

In Lukas 2,40 und 2,52 wird davon gesprochen, daß Jesus an Weisheit zunahm. Damit ist mehr als bloßes Wissen gemeint. Weisheit ist die Kunst, auf rechte Weise zum rechten Ziel zu gelangen. Sie bedeutet, sich der Sache Gottes mit gleicher Hingabe und Intensität zu widmen wie den Dingen dieser Welt (Lukas 16,11). Durch die Atmosphäre und Ermutigung, die Jesus in seinem Elternhaus erfuhr, kamen seine geistigen Fahigkeiten zur vollen Entfaltung, das heißt, er hatte ein tiefes Schriftverständnis und wußte Gottes Wort in praktischer Weise ins tägliche Leben umzusetzen.

3. SOZIALE AUSWIRKUNGEN

Nicht nur sein geistiger Horizont, sondern auch seine zwischenmenschlichen Beziehungen erweiterten sich, (*er nahm zu an Gunst bei . . . Menschen*). Offensichtlich unterhielt Jesus gute Beziehungen zu anderen. Wenn Kinder von ihren Eltern geliebt und umsorgt werden, entsteht ein starkes Gefühl von Sicherheit und Zugehörigkeit in ihnen, das sie in die Lage versetzt, als Heranwachsende Verbindung zu anderen Menschen aufzunehmen. Weil sie sich geliebt wissen, können sie selbst das Wagnis der Liebe eingehen. Am ehesten erkennbar werden die zerstörerischen Einflüsse eines schlechten Familienklimas an der Unfähigkeit zu tiefen, dauerhaften Beziehungen.

4. PERSONALE, WILLENSMÄßIGE UND SEELISCHE AUSWIRKUNGEN

Und er ging mit ihnen hinab und kam nach Nazareth, und er war ihnen untertan (2,51). Dieser Vers geht der Beschreibung von Jesu Wachstum voraus. Doch obwohl er die Ausgangsbasis ist, wird er meistens ausgelassen. Gerade hatte Jesus seinen Eltern gegenüber zum ersten Mal seine wahre Identität zu erkennen gegeben, indem er sagte: *Wußtet ihr nicht, daß ich in dem sein muß, was meines Vaters ist? Aber seine Eltern verstanden nicht, was er damit meinte (2,49-50).* Obwohl Jesus Gott immer mehr als seinen wahren Vater erkannte und ihm das mangelnde Verständnis seiner Eltern zu schaffen machte, entschloß er sich aus freien Stücken, sich ihrer Autorität zu unterstellen und ihnen gehorsam zu sein. Kinder Gehorsam zu lehren ist deshalb eine der wichigsten Aufgaben elterlicher Erziehung. Kinder müssen verstehen, daß echte Liebe Grenzen setzt. Zuneigung und Zucht gehören zusammen. Beides ist für die gesunde Entwicklung der Persönlichkeit unentbehrlich. Mit voller Absicht habe ich diesen Abschnitt dem geistlichen Aspekt vorangestellt. Ein Kind, das gelernt hat, sich der Autorität der Eltern im Gehorsam zu unterstellen, wird zum Gehorsam gegen den Willen Gottes vorbereitet. Ohne diesen Lernprozeß gibt es keine wahre Reife. Doch dies bedeutet nicht, daß Eltern ihren Kindern gewaltsam Gehorsam abverlangen dürfen. Es ist äußerst wichtig zu erkennen, daß der Apostel Paulus das fünfte Gebot ausdrücklich unter den Geist des neuen Testamentes stellt. Unmißverständlich macht er den Gehorsam der Kinder zum Teil vom Verhalten der Eltern abhängig. Das Vorbild der Eltern ist deshalb von größter Wichtigkeit. Alle Befehle und Vorschriften sollten „im Herrn", das heißt in Übereinstimmung mit den Prinzipien Gottes und im rechten Geist erteilt werden, so daß die Kinder auf diese Maßnahmen der Eltern nicht mit Entmutigung, Bitterkeit und Groll reagieren (Epheser 6,1-4; Kolosser 3,21). Ich bin meinen Eltern ewig dankbar für ihr Vorbild, besonders meinem Vater. Er hat es mir um vieles leichter gemacht, an einen himmlischen Vater zu glauben und mich ihm auszuliefern.

5. GEISTLICHE AUSWIRKUNGEN

Jesus nahm auch auf vertikaler Ebene zu; *er fand Gnade bei Gott.* Dies ist der Hauptzweck einer jeden Erziehung, die *in der Ermahnung und Zucht des Herrn (Epheser 6,4)* erfolgt. Die Anweisung, die Johannes der Täufer bekam, ist auch für Eltern maßgebend: *Bereitet den Weg des Herrn, macht gerade seine Pfade (Matthäus 3,3).* Das elterliche Vorbild soll dazu dienen, in den Herzen der Kinder Bahn zu machen für den Empfang der Gnade Gottes.

DAS FEHLENDE VORBILD DER ELTERN

Leider haben Eltern aber auch die Macht, ihren Kindern den Weg zu verbauen. Dann werden sie zu Hindernissen und nicht zu Wegbereitern der Gnade. Im Englischen spricht man von „disgrace", was in wörtlicher deutscher Übersetzung „Ungnade" bedeutet.

Es ist interessant, sich mit dem Hintergrund und Gebrauch der Vorsilbe *dys* im Englischen zu befassen. Im Mittelenglischen schrieb man die Vorsilbe *dis*, im Altfranzösischen und Lateinischen *dys*. Alle Formen haben ihren Ursprung in dem griechischen Wort *dus*, was böse oder schlecht bedeutet. Der Vorsilbe *dys* begegnet man oft in medizinischen Fachausdrücken, die gewisse Fehlfunktionen beschreiben. Auch das Wort *disease* ("dis-ease", dt. Un-behagen, Krankheit) besagt, daß etwas falsch gelaufen ist. Weitere Bezeichnungen sind *Dyspepsie* (Verdauungsstörung), *Dyslexie* (Leseschwäche), *Dystrophie* (Zerstörung und Atrophie der Muskeln) und - als deutlichstes Beispiel – *Disfunktion*, was besagt, daß ein System falsch oder mangelhaft funktioniert. *Disgrace* (dt. Ungnade) ist folglich etwas Verdrehtes, Verkehrtes. *Grace* (dt. Gnade) baut auf, *disgrace* (dt. Ungnade) zerstört. Wenn Eltern sich der Gnade Gottes bewußt sind, wirkt sich ihr Vorbild lebensbejahend auf die Kinder aus und sorgt für eine gesunde Persönlichkeitsentwicklung. Das Gegenteil tritt ein, sobald diese Grundlage in der Familie fehlt.

Anstatt das Kind auf die Wiedergeburt und das neue Leben aus

Gott vorzubereiten, blockieren die Eltern durch ihr Fehlverhalten den Weg dorthin. Es kommt zu Wachstums- und Entwicklungsstörungen der kindlichen Persönlichkeit, weil die Grundlage für alle zwischenmenschlichen Beziehungen in den ersten Kindheitsjahren gelegt wird. Wie es einen körperlichen Leib als Ausdruck der biologisch-körperlichen Entwicklung des Ungeborenen gibt, so existiert gleichsam auch ein seelisch-geistlicher Leib, der über die Beziehung des Kindes zu seiner Umwelt entscheidet. Ein Kleinkind lernt verstehen, bevor es sprechen kann. Die sofortige Befriedigung seiner körperlichen Bedürfnissse, bedingungslose Annahme und Liebe, die ihm durch Zärtlichkeiten, durch Lächeln und freundlichen Zuspruch vermittelt werden – das alles sind Botschaften vorlaufender Gnade für das Kind. Entbehrungen, Vernachlässigung, leistungsabhängige Annahme, Launenhaftigkeit, Zurückweisung, Ärger im Gesicht und in der Stimme sind das genaue Gegenteil. Das elterliche Vorbild ist zerstört und bewirkt nicht, wozu Gott es benutzen wollte. Wenn dann in späteren Jahren zu dieser unerquicklichen häuslichen Atmosphäre Beschimpfungen und entsprechende Handlungen hinzukommen, beginnt das Kind entsprechend dem Vorbild seiner Eltern zu reagieren.

Die vier bestimmenden Lebensgrundsätze eines Menschen entwickeln sich aus den zwischenmenschlichen Erfahrungen, die dieser in den ersten Jahren seines Lebens gemacht hat. Wenn ich von dem Konzept, von der Lebensauffassung eines Menschen spreche, wie ich das oft in meinen Büchern tue, dann meine ich damit mehr als eine mentale Vorstellung. Auch der emotionelle Hintergrund, die Gefühle sind mit eingeschlossen. Da wir ganzheitliche Menschen sind, gehört beides immer zusammen, ob wir uns dessen bewußt sind oder nicht. Das Wort „Auffassung" oder „Vorstellung" umschreibt deshalb die Kombination von Denk- und Gefühlsinhalten. Alles zusammen macht schließlich die gesamte Persönlichkeitsstruktur aus. Nachfolgend wollen wir uns mit diesen prägenden vier Faktoren näher befassen.

DAS PERSÖNLICHE SELBSTBILD

Wie wir uns selbst sehen, hängt größtenteils von unserer Familie ab. Dies entspricht so sehr den Tatsachen, daß die Familie verschiedentlich auch als „Spiegel des Selbst" bezeichnet wurde. Das Baby ist sich seiner selbst anfangs nicht bewußt. Erst im Alter von ungefähr achtzehn Monaten beginnt sich bei den meisten Kindern ein gewisses Ichbewußtsein abzuzeichnen, das sich dann bis zum Erwachsenenalter ständig weiterentwickelt. In erster Linie wird dieses Bild über uns selbst durch den Umgang mit den Menschen geprägt, die uns am nächsten stehen. Es entwickelt sich in bezug auf die eigene Person ein gewisses Grundgefühl. Die Familie ist gleichsam ein Spiegel, in dem das Kind sich betrachtet. Sein Selbstwertgefühl wird deshalb weitgehend von dem geprägt, was es an Achtung oder Mißachtung von seiten der Menschen erfährt, die ihm am meisten bedeuten. Dies sich ständig wiederholende audiovisuelle „Playback" legt die Grundlage für die spätere Selbsteinschätzung des Erwachsenen.

Jack war ein junger Mann, der bei seinen Freunden als „Tausendsassa" galt. Er hatte Erfolg in seinem Beruf, war glücklich verheiratet, stolzer Familienvater und angesehenes Stadt- und Gemeindemitglied. Dann jedoch, im Alter von fünfunddreißig Jahren, trat eine innere, äußerlich nicht wahrnehmbare Wende ein. Schon vor langer Zeit hatte ich bemerkt, daß sich im Leben vieler Christen etwas ereignet, was ich als „Krise junger Erwachsener" bezeichnen möchte. Diese Krise, die gewöhnlich im Alter zwischen sechsundzwanzig und achtunddreißig eintritt, wird oft durch verschiedene Faktoren ausgelöst, wie Spannungen in Ehe und Familie, finanzielle Schwierigkeiten oder ein gestörtes Verhältnis zu den Eltern und Schwiegereltern. Was diese Leute aber letztlich in die Seelsorge treibt, ist das Auftreten, manchmal geradezu der Ausbruch negativer, zerstörerischer Emotionen. Dies entspricht oft genug dem genauen Gegenteil dessen, was diese Menschen von sich selbst gedacht haben. Auch bei Jack waren es solche destruktiven Empfindungen, die ihn aus seinem behaglichen Leben herausgerissen und in die Seelsorge geführt hatten. Bevor es ihn selbst betraf, hatte er absolut kein Verständnis dafür gezeigt, wenn ich in meinen Predigten über destruktive Gefühle sprach. Es befremdete ihn, wenn Christen meinten, wegen solcher Probleme Rat oder Heilung suchen zu müssen.

Am Anfang war Jack verwirrt und ratlos. „In meinem Charakter scheint die Hölle losgebrochen zu sein", bekannte er zögernd. Ich erkundigte mich nach möglichen körperlichen Ursachen, doch er versicherte mir, daß der Betrieb ihm bei der letzten Routineuntersuchung völlige Gesundheit bescheinigt hätte. Auch als wir verschiedene andere Gründe in Erwägung zogen, kamen wir zu keinem Ergebnis. Langsam aber sicher kristallisierte sich heraus, daß sich tief in seinem Inneren Angst, Unsicherheit und Selbstzweifel verbargen. Trotz aller Erfolge, die ihm das Gegenteil zu bescheinigen schienen, überwog das Gefühl in ihm, ein totaler Versager zu sein. Dies Gefühl war so übermächtig geworden, daß er in nie gekannter Weise von gewissen Wünschen und Sünden bedrängt wurde. Auch in geistlicher Hinsicht empfand er sich als Versager. Offensichtlich hatte Jack eine Menge verletzender Dinge verdrängt, die jetzt unvermutet an die Oberfläche kamen.

Von frühester Kindheit an hatte Jack das Gefühl gehabt, von seinen Eltern, insbesondere seinem Vater, weder erwünscht noch geliebt zu sein. „Niemals habe ich mich um meiner selbst willen angenommen gefühlt. Ich fühlte mich nur dann akzeptiert, wenn ich ihnen keinen Ärger und keine Unannehmlichkeiten machte. Nur wenn sie Anerkennung ernten und stolz auf mich sein konnten, handelten sie so, als wollten sie mich –, von Liebe ganz zu schweigen. Jahrelang habe ich diese ganzen Gefühle einfach beiseite geschoben und mich zum Erfolg durchgeboxt. Ich erlaubte mir keinen einzigen Blick zurück, weil ich diese Wahrheit einfach nicht ertragen konnte."

Jack kämpfte gegen den Schmerz und die Tränen an, die in ihm hochsteigen wollten. Doch als er dann gewisse schmerzliche Szenen vor mir aufzurollen begann, machte ihm ein Erlebnis besonders schwer zu schaffen. Als er noch im Kindergartenalter war, hatte seine Mutter ihn nach einem kleinen chirurgischen Eingriff aus dem Krankenhaus abgeholt. Schwindlig und schwach wie er war, bemuhte sich seine Mutter, ihn ins Haus zu bringen. Sein Vater war währenddessen draußen mit seinem Auto beschäftigt, den Kopf unter der Motorhaube. Ohne seinen Jungen auch nur eines Blickes zu würdigen, hatte er ärgerlich von sich gegeben: „Jetzt komm bloß nicht und schnüffele hier herum. Ich hab was Wichtiges zu erledigen."

Niemals hatte Jack bedingungslose elterliche Zuwendung erlebt, die in Annahme, Liebe und Bestätigung ihren Ausdruck findet. Jetzt litt er an seelischen Mangelerscheinungen. Im Zentrum seiner Persönlichkeit befand sich ein großes Vakuum, das sich auf seine Gottesbeziehung als wichtigstes Element seines Lebens zerstörerisch auswirkte. Und damit kommen wir zum zweiten entscheidend wichtigen Begriff, den wir im folgenden näher betrachten wollen.

DAS PERSÖNLICHE GOTTESBILD

Unser Zuhause ist gleichsam ein Schlüsselloch, durch das wir als Kinder unsere ersten Eindrücke von Gott erhaschen. Im Umgang mit unseren Eltern wird uns eine erste Ahnung vom Wesen Gottes vermittelt. Was sie uns vorgelebt und gelehrt haben, wirkt sich in vieler Hinsicht prägend auf unsere Gottesvorstellung aus. Nur wenigen Eltern ist bewußt, daß alles, was zu Hause erlaubt wird, Auswirkungen auf die Kinder hat. Ich bin viele Stunden hindurch mit Erwachsenen – oft schon reiferen Alters – zusammen und helfe ihnen, sich ihr erworbenes Gottesbild bewußt zu machen. In der Vorstellung vieler Menschen haben sich göttliche und elterliche Eigenschaften nämlich so zu einem Bild vereinigt, daß es erst einmal nötig ist, hier eine Trennung zu vollziehen. Erst dann bekommen sie einen Gott, den sie lieben und mit dem sie durchs Leben gehen können.

Ich könnte viele Beispiele schrecklicher Gottesvorstellungen anführen, die ihren Ursprung in elterlichem Fehlverhalten haben, doch ich möchte unseren Blick lieber auf die lebenslang wirksamen Auswirkungen eines guten Elternhauses richten, zu denen auch ein positives Gottesbild gehört.

Es war ein großes Privileg für uns, Corrie ten Boom im Jahre 1961 für drei Tage bei uns zu haben. Sie sprach bei verschiedenen Veranstaltungen unserer Gemeinde im indischen Bangalore. (Der Zufall wollte es, daß wir ihr mit dem heißen Vollbad und unseren dicken amerikanischen Badetüchern die größte Freude gemacht hatten.) Ich habe die Geschichten aus ihrer Jugend nie wieder vergessen, die sie uns erzählte. Welch wichtige Rolle hatte ihr Elternhaus in ihrem Leben gespielt! Es hatte ihr Geborgenheit und innere Stärke gegeben, die sie später die schrecklichen Erlebnisse im Konzentrationslager verkraften ließ. Später stellte ich fest, daß sie diese Erfahrung in einem ihrer Bücher zusammengefaßt hat. Es heißt dort:

„Als Kind wurde mir auf vielerlei Weise klargemacht, daß ich geborgen sei. Jeden Abend ging ich im Nachthemd an die Tür meines Zimmers und rief: ‚Papa, ich bin soweit.' Dann kam Vater herauf und betete mit mir, ehe ich schlafen ging. Ich kann mich erinnern, daß er immer Zeit für uns hatte. Er mummelte mich sorgfältig mit der ihm eigenen Genauigkeit ein. Dann legte er seine Hand liebevoll auf mein Gesicht und sagte: ‚Schlaf wohl, Corrie . . . ich hab dich lieb.'

Ich lag dann immer sehr, sehr still, weil ich glaubte, ich würde die Berührung seiner Hand verlieren, sobald ich mich bewegte, und ich wollte sie fühlen, bis ich einschlief.

Viele Jahre später, im Konzentrationslager in Deutschland, dachte ich manchmal an das Gefühl von Vaters Hand auf meinem Gesicht. Wenn ich neben Betsie auf einer alten, schmutzigen Matratze in dem menschenunwürdigen Gefängnis lag, sagte ich: ‚O Herr, laß mich deine Hand spüren . . . , darf ich mich unter dem Schatten deiner Flügel bergen?'

Inmitten jenes Leidens fühlte ich mich geborgen bei meinem himmlischen Vater."

DIE BEZIEHUNG ZUM NÄCHSTEN

Die Erfahrungen, die wir innerhalb unserer Familie gemacht haben, sind von großem Einfluß auf die Art und Weise, wie wir andere einschätzen und mit ihnen umgehen. Sehen wir sie als Freunde, Konkurrenten, Widersacher oder gar als Feinde? Erwarten wir, daß andere uns mit Respekt oder mit Geringschätzung begegnen? Wollen sie uns behilflich sein oder hindern, uns aufhelfen oder im Stich lassen? Leben wir nach der „Goldenen Regel", dem Gesetz der Nächstenliebe, oder kommen wir dem anderen lieber zuvor, damit er uns nicht zuvorkommt?

Unser Zuhause ist gleichsam ein Fenster, durch das unser Blick auf unsere Mitmenschen fällt. Wie wir den anderen sehen und wie er uns unserer Meinung nach sieht, ist davon beeinflußt worden. Alles hängt von der Beschaffenheit dieses „Fensters" ab.

Dr. Ken Magid, praktizierender Krankenhauspsychologe und Professor an einer medizinischen Hochschule, hat kürzlich ein Buch mit dem Titel herausgebracht *High Risk: Children Without Conscience* (Die große Gefahr: Kinder ohne Gewissen). Hauptthema des Buches ist die sogenannte „Bindungskrise", der man heute sehr häufig begegnet. Man ist dabei, eine ganze Generation von Kindern großzuziehen, die alle Anzeichen eines Verlassenheitssyndroms aufweisen. Diese Kinder haben sich mit ihren Eltern niemals wirklich verbunden gefühlt, und solange sie an diesem Punkt keine verändernde Heilung erfahren, können sie zu keinem Menschen eine nahe Beziehung aufbauen.

Ich freue mich, daß wir als Christen wissen dürfen, daß die Kraft des Auferstandenen alles verwandeln kann. *Hoffnung läßt nicht zuschanden werden, denn die Liebe Gottes ist ausgegossen in unsere Herzen durch den Heiligen Geist, der uns gegeben worden ist (Römer 5,5).* Bei vielen Menschen ist der von Dr. Magid beschriebene Schaden so groß, daß es tiefreichender heilender Gnade bedarf, bis sie in der Lage sind, eine gesunde Beziehung zu anderen aufzubauen.

UNSER BILD VON DER WIRKLICHKEIT

Die Familie ist gleichsam das Tor zur Welt. Da sich Tore jedoch in beide Richtungen öffnen lassen, ist die Lebenseinstellung des Kindes weitgehend davon abhängig, wie die Eltern auf das reagieren, was an Einflüssen in ihr Heim hineingetragen wird. Der großartige Abschnitt über die Familie in 5. Mose 6 betont die Wichtigkeit einer kontinuierlichen sachlichen und ethischen Unterweisung. Eltern sollen gemäß ihrer Überzeugung leben und jede Gelegenheit nutzen, um sie in Wort und Tat an ihre Kinder weiterzugeben (Vers 7). Der Umgang miteinander soll von den Geboten Gottes geprägt sein. Diese Gebote, die in der Familie fest verankert und tonangebend für das gesamte Leben sein sollen (Vers 8), haben wir „an die Pfosten und Tore unseres Hauses" zu schreiben (Vers 9). Eltern sind demnach von Gott als Torhüter eingesetzt. Sie bestimmen durch ihre Haltung, was ins Haus herein- und hinausgelangt.

Die Wahrheit dieser Aussage bestätigte sich vor einigen Jahren, als einige maßgebliche Persönlichkeiten nach dem Ursprung ihrer ethischen Grundsätze befragt wurden, von denen sie sich im Alltag bestimmen ließen. Die Mehrheit antwortete, sie wären auf Gespräche der Familie bei Tisch zurückzuführen. Zu Hause wird uns vermittelt, wie wir die Welt, das Leben und selbst die Realität erleben und in welcher Beziehung dies alles zu gewissen Gegebenheiten steht, die wir später noch behandeln werden. So ist zu erklären, daß Verwöhnung genau soviele seelische und geistliche Probleme heraufbeschwören kann wie Mißhandlung. Beides hat im Kind eine falsche Lebenseinschätzung bewirkt. Grausamkeiten und Mißhandlungen wirken mit Sicherheit zerstörerisch; ebenso ist dies aber auch bei einem Übermaß an Liebe und Nachsicht der Fall, wenn es an Zucht und festen Grenzen fehlt.

Earl Jabay, Kaplan am Neuro-Psychiatrischen Institut von Princeton, hat ein Leben lang unter Alkoholikern, Drogenabhängigen und Neurotikern gearbeitet. Er sagt, daß eins ihrer Hauptprobleme in ihrem falschen Verhältnis zur Wirklichkeit und zum Leben besteht. Sie meinen nämlich, daß sie ihre eigene Phantasiewelt entwickeln und nach eigenen Gesetzen handeln und leben können. Jabay hat seinen Büchern entsprechende Titel gegeben: *The God Players* (Sie spielen Gott) und *The Kingdom of the Self* (Das selbsterdachte Königreich).

Wiederholen wir noch einmal die wichtigsten vier Aspekte, die für unser Leben maßgebend sind: unser eigenes Selbstbild, unsere Vorstellung von Gott sowie unser allgemeines Menschen- und Weltbild. Zu einem großen Teil haben sich diese Grundmeinungen aus der Beziehung zu unseren Eltern entwickelt. Im folgenden werden wir sehen, auf welche Weise uns diese erworbenen Grundmeinungen bestärken oder hindern, die Gnade Gottes wirklich auszuleben.

KAPITEL 4

Zurück zum Ursprung

Wir haben verschiedene Aspekte betrachtet, die das Erfassen der Gnade erschweren und ein leistungsorientiertes Schau-Christentum zur Folge haben. Jetzt wollen wir diese Hindernisse noch intensiver beleuchten und kommen dabei zum eigentlichen Problem, das sich hinter allem verbirgt, und das ist die Sünde. Nach biblischer Definition ist Sünde sowohl die Wurzel der beschriebenen bösartigen Krankheit als auch der Grund dafür, weshalb die perfekteste Leistung sie nicht heilen kann.

Aber was soll denn überhaupt falsch daran sein, wenn man sich um eine perfekte Leistung bemüht? Wir alle streben doch nach Vollkommenheit. Hierzu ist zu sagen, daß das ursächlich Falsche an diesen Bestrebungen darin besteht, daß uns die Möglichkeit zur Vollkommenheit verlorengegangen ist. Es gibt nichts wirklich Vollkommenes mehr in dieser unvollkommenen Welt. Letzteres scheint die Schlüsselaussage zu sein. Es hat einmal eine vollkommene Welt existiert, die dann aber aus ihrer ursprünglichen Beschaffenheit herausgefallen ist. Christen sprechen deshalb von einer gefallenen und unvollkommenen Welt. Es geschah etwas, das der Vollkommenheit ein Ende setzte. Bedeutet dies nun, daß das Leben niemals wieder wirklich vollkommen sein kann? Ja, wenigstens nicht auf dieser Erde und nicht mehr in der ursprünglichen Art und Weise. Eines Tages wird es sicherlich wieder so sein, aber dazu brauchen wir einen neuen Himmel und eine neue Erde (Offenbarung 21,1). Hier und jetzt kann es nur in einer neuen, anderen Art vollkommenes Leben geben, wie es das freie Geschenk der Gnade Gottes in uns bewirkt.

Doch wir bewegen uns zu weit nach vorn. Wenn wir die folgenden Ausführungen richtig verstehen wollen, müssen wir zum Ursprung zurückkehren. Auch Jesus hat das getan, als man ihn nach dem Unterschied zwischen Gottes perfektem Plan (für die Ehe) und dem weniger vollkommenen Ergebnis fragte, das auf diesem Gebiet in dieser gefallenen Welt anzutreffen ist. *Von Anfang an ist es nicht so gewesen (Matthäus 19,8)*, sagte er. Machen wir es also wie Jesus und gehen zu den Anfängen zurück.

Während ich dies niederschrieb, fiel mein Blick beim Durchblättern meiner Bibel (*New International Version*) interessanterweise auf das Vorwort. Dort hieß es: „Wie alle Bibelübersetzungen, die von unvollkommenen Menschen angefertigt wurden, läßt sicherlich auch die vorliegende Ausgabe manches zu wünschen übrig. Dennoch danken wir Gott für das Ausmaß an Erkenntnis Seiner Ziele und für die Kraft, die Er uns und unseren Kollegen zur Erfüllung unserer Aufgabe gegeben hat." Erstaunlich! Noch nicht einmal unsere Bibelübersetzungen sind von der Unvollkommenheit einer gefallenen Welt ausgenommen.

DIE VOLLKOMMENE SCHÖPFUNG

Die alten Philosophen pflegten darüber nachzusinnen, woher die Menschen den Gedanken der Vollkommenheit hatten. Er konnte nicht auf bloße Beobachtung oder Erfahrung zurückzuführen sein, da in dieser Welt nichts vollkommen ist. Wie kam es, daß sie sich eine gerade Linie oder einen vollkommenen Kreis vorstellten, wenn nichts dergleichen existierte? – In dieser Weise gingen die Überlegungen der Philosophen hin und her.

Wir Christen wissen, daß der Gedanke an das Vollkommene von einem vollkommenen Gott herrührt, der eine vollkommene Welt mit vollkommenen Menschen nach seinem vollkommenen Bild erschaffen hat. Nach jedem Schöpfungsakt erklärte Gott das Erschaffene für gut (1. Mose 1,11, 18,21 und 24). Schließlich, nachdem er den Menschen, Mann und Frau, nach seinem Bild erschaffen hatte, *sah Gott alles, was er gemacht hatte, und siehe, es war sehr gut (1,31)*. Beachten wir, daß er das Prädikat „sehr gut" erst gab, als er Wesen nach seinem Bild erschaffen hatte.

Jakobus benutzt bei der Beschreibung der göttlichen Schöpfungsgeschenke das wichtige Wort „vollkommen". *Jede gute Gabe und jedes vollkommene Geschenk kommt von oben herab, von dem Vater des Lichts (1,17)*. Lesen wir im 1. und 2. Buch Mose einmal nach, wie vollkommen Gottes herrliche Schöpfung tatsächlich gewesen ist.

* Gott schuf ein vollkommenes Universum, in dem vollkommene Gesetze herrschen. In 1. Mose 1,1-9, 14-18 finden wir jeden Schöpfungsakt Gottes beschrieben: Licht und Himmel, Länder und Mee-

re, Sonne, Mond und Planeten sowie alle Lebewesen und ihre Nahrung.

* Gott schuf eine ökologisch vollkommene Pflanzen- und Tierwelt, die untereinander in perfektem Gleichgewicht steht. Aus 1. Mose 1,11-13, 20-25 und 30 geht hervor, wie Gott für die Ernährung und Erhaltung alles von ihm Erschaffene Vorsorge getroffen hat.

* *Er schuf sie beide, Mann und Frau (1. Mose 1,27)*, unterschiedlich in ihrer geschlechtlichen Identität und sexuellen Orientierung, aber in seelisch-körperlicher Vollkommenheit.

* Erschaffen nach seinem Bild, machte Gott die Menschen vollkommen in ihrem Wesen. Er rüstete sie mit einer unglaublichen Lernfähigkeit aus und schenkte ihnen Empfindungen, zu denen auch ein starkes Gefühl der Individualität und eine gesunde Selbstachtung gehörten. Alles war so, daß Mann und Frau in geistig-seelischer und organisatorischer Vollkommenheit über die Erde herrschen sollten. *Und Gott segnete sie und sprach zu ihnen: Seid fruchtbar und vermehrt euch, und füllt die Erde, und macht sie euch untertan; und herrscht über die Fische des Meeres und über die Vögel des Himmels und über alle Tiere, die sich auf der Erde regen (1. Mose 1,28).*

* Gott schenkte den Menschen vollkommene Gemeinschaft miteinander, gemäß der sozialen Harmonie, der vollkommenen Einheit und Liebe, in der Vater, Sohn und Heiliger Geist zusammenwirken. Dies bedeutete vollkommene Übereinstimmung und Offenheit, ohne Abwehr, Schuld, Scham oder Hemmungen. Stellen Sie sich das einmal vor: Es gab nichts zu verbergen! Adam und Eva besaßen alle Voraussetzungen für eine vollkommene Einheit nach Leib, Seele und Geist. (1. Mose 2,18-35). Die Verse 25-26 umfassen wesentlich mehr als die bloße Körperlichkeit des Menschen. Sie beinhalten, daß es weder auf mentaler, geistlicher, seelischer oder körperlicher Ebene irgendwelche Hindernisse gab, die die Einheit gefährdeten. Es heißt dort: *Sie werden zu einem Fleisch werden. Und sie waren beide nackt, der Mensch und seine Frau, und sie schämten sich nicht.*

* Gott beschenkte sie mit einer vollkommenen geistlichen Gemeinschaft mit sich selbst. Aus 1. Mose 3,8 entnehmen wir, wie schön und natürlich das Freundschaftsverhältnis zwischen Gott und

den Menschen gedacht war. Vor uns entsteht das außerordentliche Bild des Schöpfers und Vater-Gottes, der mit seinen Kindern spazierengeht und sich mit ihnen unterhält. *Und sie hörten die Stimme Gottes, des Herrn, der im Garten wandelte bei der Kühle des Tages.*

Dies war der Abschluß der Schöpfung. Gott hatte durch seine perfekte Planung vollkommen für alle Grundbedürfnisse gesorgt, die er selbst in die menschliche Persönlichkeit hineingelegt hatte. Sein Plan war nicht nur vollkommen, sondern vollkommen natürlich, indem er in ganz selbstverständlicher Weise funktionierte. Alles, einschließlich der Tiere und Menschen, lief perfekt – entsprechend der ihnen von Gott mitgegebenen Eigengesetzlichkeit. Niemand brauchte sich um Vollkommenheit zu bemühen. Wenn sie nach dem vollkommenen Plan und den vollkommenen Gesetzen Gottes lebten, funktionierte alles in perfekter Weise. Psalm 8,5-7 bringt dies in wunderbarer Weise zum Ausdruck:

Was ist der Mensch, daß du sein gedenkst, und des Menschen Sohn, daß du dich um ihn kümmerst? Denn du hast ihn wenig geringer gemacht als Engel, mit Herrlichkeit und Pracht krönst du ihn. Du machst ihn zum Herrscher über die Werke deiner Hände; alles hast du unter seine Füße gestellt.

GOTT WOHNT UNTER DEN MENSCHEN

Die Menschen sollten unter den Augen Gottes leben, mit der Natur verwachsen sein, doch mehr als bloße Kreatürlichkeit besitzen. Dies war der vollkommene Plan Gottes. Wenn die ersten Menschen sich daran gehalten hätten, wäre alles vollkommen geblieben. Beachten Sie die außerordentliche Bedeutung dieser göttlichen Bedingung. Hier liegt nämlich der eine große Unterschied zwischen Adam und Eva und allen anderen, ihnen untergeordneten Geschöpfen. Dinge, Pflanzen und Tiere erfüllten ihren Zweck in unbewußter, selbstverständlicher Weise. Ihr Lebenslauf war festgelegt; es gab keine andere Möglichkeit für sie. Menschen dagegen konnten ihre Aufgaben nur erfüllen, indem sie in der rechten Beziehung zu ihrem Schöpfer blieben. Sie mußten sich dazu entscheiden, was bedeutet, daß sie auch die Möglichkeit zum Ungehorsam hatten. Es gibt in der Bibel verschiedene Umschreibungen für Sünde – „eine Grenze überschreiten", „das Ziel verfehlen" und „versagen".

DER SÜNDENFALL

Im 1. Buch Mose wird uns von der Fehlentscheidung der Menschheit, die wir als Sündenfall bezeichnen, und den daraus resultierenden schrecklichen Folgen berichtet.

Der Mensch, erschaffen, um erhoben über alle übrigen Geschöpfe – aber unter Gottes Führung – zu leben und zu regieren, hörte auf die Einflüsterungen des Bösen. Satan, ehemals – vielleicht schon vor Äonen – ein Engelfürst Gottes, war aus der Vollkommenheit herausgefallen (Jesaja 14, 12-15 und Lukas 10,18). Er wollte Gott gleich sein, lehnte den ihm zugewiesenen Platz ab und wurde in die Tiefen des Universums gestürzt.

Er war es, der den tödlichen Samen der Versuchung in Adams und Evas Gedanken säte, bis er sie soweit hatte, daß sie die liebevollen Absichten Gottes in Frage stellten. Sie hatten keinen Blick mehr für dessen gutgemeinte Einschränkung, die besagte, daß sie von dem einen Baum nicht essen sollten, dafür aber um so ausgiebiger von allen anderen Bäumen des Gartens. Sie wurden verführt, das Verbot als grausame Willkür eines böswilligen Tyrannen auszulegen, und entschlossen sich, Gottes Wort über diese Angelegenheit zu ignorieren und in eigener Regie zu handeln.

An diesem Punkt war noch nicht die Rede von Gut und Böse, Recht und Unrecht – zumindest nicht in der Art und Weise, wie wir diese Worte heute verstehen. Von Adam und Eva wurde nichts anderes erwartet als ein kindlicher Glaube. Sie brauchten nicht zu entscheiden, ob etwas gut oder schlecht, richtig oder falsch war. Sie kannten noch nicht einmal die Bedeutung dieser Begriffe. Sie hatten nur zwischen zwei Alternativen zu entscheiden: entweder vertrauten sie Gottes Wort und waren gehorsam, oder sie mißtrauten ihm und handelten eigenmächtig. Ersteres bedeutete, mit Gott in einer vertrauensvollen Beziehung des Empfangens zu leben und alle seine vollkommenen Gaben zu genießen. Die zweite Möglichkeit war, die offene und gehorsame Haltung gegenüber Gott zu verlassen, die Dinge in die eigenen Hände zu nehmen und nach eigenem Empfinden für die beste Lösung zu handeln.

Unglücklicherweise rebellierten sie gegen Gott und seine Führung. Sie lehnten es ab, die ihnen als Menschen auferlegten Beschränkungen zu akzeptieren. Ihre Position als Herrscher *über* die

Natur wollten sie zwar beibehalten, aber Gott nicht länger unterstellt sein. Sie waren vollkommen – wenig niedriger als Gott –, aber sie forderten mehr für sich. Sie wollten wie Gott sein, im Sinne von Gottgleichheit (1. Mose 3,4). Augustinus hat es einmal so ausgedrückt:

Und was ist der Ursprung unserer Böswilligkeit anderes als Stolz? *Denn Stolz ist der Sünde Anfang (Prediger 10,13).* Und was ist Stolz anderes als das heftige Verlangen nach unangemessener Erhöhung? Und eine solche unangemessene Selbsterhöhung ist es, wenn die Seele Ihn verläßt, dem sie auf ewig angehören sollte und in sich selbst ein Ende findet.

Doch in ihrem Bestreben, wie Gott zu sein, verloren die Menschen ihre ursprüngliche Größe. Es gelang ihnen nicht, die Ehre und Vollkommenheit für sich in Anspruch zu nehmen, die allein Gott vorbehalten ist. Statt dessen verloren sie die einzige Art von Vollkommenheit, die ihnen eigen war – ein Geschenk, das ihnen als Geschöpfen gehört hatte, die nach dem Bild Gottes erschaffen waren.

EINE UNVOLLKOMMENE WELT

Der Sündenfall bewirkte, daß das gesamte Universum von der Unvollkommenheit durchdrungen ist. Wer wäre in der Lage, den dadurch entstandenen Verlust zu ermessen! Die dem Menschen ehemals angeborene Vollkommenheit ist verloren und kann auf dem Wege eigener Anstrengung niemals zurückerlangt werden, so sehr wir uns auch darum bemühen. Doch für leistungsorientierte Christen ist das schwer einzusehen. Sie leben weiter, als schafften sie es doch. „Hoffentlich gelingt es uns! Wenn der sich doch mehr bemühen würde! Wenn die Leute doch begreifen würden, worum es geht! Wenn Gott doch eingreifen würde! . . . Eigentlich sollte, könnte, würde, wenn nur . . ." – und so geht es mit den Wenn-Sätzen endlos weiter.

Lassen wir diese Leistungsphantasien nun beiseite und wenden wir uns den einzelnen Dingen zu, die beim Sündenfall verlorengingen.

* Die ökologische Vollkommenheit der Natur ging verloren. In Römer 8,19-22 lesen wir, daß die ganze Schöpfung jetzt der Un-

vollkommenheit unterworfen ist. Sie seufzt wie in Geburtswehen und sehnt den Tag ihrer Erlösung herbei. Man braucht nur die Liste der Naturkatastrophen wie Erdbeben, Stürme, Überschwemmungen, Tornados, Vulkanausbrüchen zu betrachten, um zu begreifen, wie sehr die Natur aus dem Gleichgewicht gekommen ist. Das Chaos hat seinen Einzug im *Kosmos* genommen. Das bedeutet nicht, daß die Naturgesetze außer Kraft geraten sind. Sie sind immer noch wirksam, nur nicht mehr in der ursprünglichen Perfektion. Ein Weg, auf dem wir Menschen immer noch versuchen, die Natur zu bezwingen und über sie zu herrschen, ist der, die Gesetze der Natur noch besser zu verstehen, sie zu nutzen und uns vor Naturkatastrophen zu schützen. Kenntnis der ökologischen Zusammenhänge, Wettervorhersagen, Sturm- und Erdbebenwarnungen usw. sind der Beweis solcher Versuche. Trotzdem bringen Naturkatastrophen immer wieder Zerstörung, Leid und Tod mit sich, die uns mutwillig und ungerecht vorkommen. Versicherungsgesellschaften bezeichnen solche Vorkommnisse als „höhere Gewalt", womit sie ein Geheimnis durch ein neues wegzuerklären versuchen. Bei meinen seelsorgerlichen Gesprächen habe ich festgestellt, daß der Ärger mancher Christen zum Teil darauf beruht, daß sie einfach nicht wahrhaben wollen, daß sie es mit einer gefallenen, unvollkommenen und oft ungerechten Welt zu tun haben. Sie werden von einem viel zu hohen Gerechtigkeitssinn geplagt, und dieser bewirkt, daß ihnen das Leben grundsätzlich vergällt ist.

* Wir haben unsere körperliche Vollkommenheit eingebüßt. Unzählige Ereignisse führen uns diese schmerzliche Tatsache Tag für Tag vor Augen: Verletzungen und Schmerzen, Krankheiten und Mißbildungen, Zerstörung und Tod. Hätten die ersten Eltern nicht gesündigt, so ist anzunehmen, daß sie ihren Kindern und den nachfolgenden Generationen ein biologisch vollkommenes Erbgut weitergegeben hätten. Statt dessem sind wir alle Opfer einer stetig zunehmenden Genveränderung geworden, weil körperliche, geistige und hormonell bedingte Mängel von Generation zu Generation weitergegeben werden. Diese wiederum haben einen unmittelbaren Einfluß auf unser Temperament und die uns angeborenen oder sich später entwickelnden Charakterschwächen. Obwohl diese in sich noch kein sündliches Verhalten darstellen, machen sie uns doch empfänglich für gewisse Versuchungen. Es sind Schwachstellen,

durch die die Sünde leicht Einlaß findet. Der angeborene Hang zu Nervosität und innerer Anspannung oder gewisse Formen von Depression sind Beispiele hierfür. Eine der schwierigsten Aufgaben in der Seelsorge an leistungsorientierten Christen besteht darin, sie dahin zu bringen, ihre Begrenzungen zu akzeptieren und mit ihnen zu leben.

* Wir haben die geistige Vollkommenheit verloren. In bezug auf die ursprüngliche Geisteskraft des Menschen können wir nur Vermutungen anstellen. Mit Sicherheit läßt Adams Fähigkeit, sofort und intuitiv jedes Lebewesen zu klassifizieren und zu benennen, auf ein unmittelbares und vollkommenes Wissen schließen, das wir nicht mehr besitzen. Was er augenscheinlich sofort richtig einordnen konnte, müssen wir uns erst mühsam erarbeiten.

Manchmal – denken wir an einen Michelangelo, Mozart, Newton oder Einstein – bekommen wir einen kleinen Einblick in die ursprünglichen mentalen Fähigkeiten des Menschen. Wir bezeichnen solche Persönlichkeiten als Genies, was bedeutet, daß wir ihre Fähigkeiten als außergewöhnliche Begabung sehen und nicht als Ergebnis eigener Anstrengungen. Doch obwohl solche seltenen Ausnahmen uns daran erinnern, was wir verloren haben, halten wir diese Menschen damit noch nicht für vollkommen. Im Sommer 1987 berichteten die Zeitungen beispielsweise über einen sehr be- gabten jungen Mathematikstudenten. Ihm war es gelungen, dem großen Isaac Newton einen schwerwiegenden Fehler bei der Anwendung der mathematischen Tabellen nachzuweisen, die dieser im Anschluß an die von ihm selbst entdeckten Gesetze der Schwerkraft aufgestellt hatte. Doch es braucht gar nicht solch spektakulärer Berichte zum Beweis unserer Unvollkommenheit. Die Skala unserer eigenen täglichen Erfahrungen reicht vom überzogenen Konto bis zum tragischen Unfalltod auf der Autobahn wegen menschlichen Versagens.

Oft staune ich über die unglaublichen Ansprüche, die manche leistungsorientierte, perfektionistische Christen an ihr eigenes Leben stellen. Auch Angela gehörte zu diesen Menschen. Sie erzählte mir von all den Dingen, die Schuldgefühle bei ihr auslösten. Die Liste wurde länger und länger, und während sie sich aufgeregt ein Versagen nach dem anderen zuschrieb, sah man ihr an, wie sehr ihr das alles zu schaffen machte. Sie war wirklich „am Ende", um es mit ihren eigenen Worten zu sagen.

Je länger sie sprach, desto tiefer manövrierte sie sich selbst in die Depression hinein. Ich mußte etwas unternehmen, um diesen melancholischen Zauber zu brechen, und so lehnte ich mich vor und sagte eifrig: „Angela, darf ich Sie einmal berühren?"

Mit einem völlig überraschten „Was?" wich sie zurück.

Ich fragte noch einmal, ob ich sie berühren dürfte, und fuhr fort: „Schließlich habe ich schon lange kein so göttliches Wesen gesehen wie Sie, Angela."

„Was wollen Sie damit sagen?"

„Daß nur irgendein göttliches Wesen die perfekte Befolgung der vielen Dinge von sich erwarten könnte, die Sie eben aufgezählt haben. Sie stellen absolut göttliche Ansprüche an sich selbst, Angela. Wo haben Sie denn nur die Idee her, daß man von Ihnen oder anderen alle diese Dinge erwartet? Aus Ihren Worten klingt heraus, daß Sie sich schuldig fühlen, weil es Ihnen nicht gelingt, alles fehlerlos zu erledigen."

Angela saß eine Weile still da. Dann senkte sie den Kopf und weinte still vor sich hin.

„Wissen Sie, was ich denke?" fragte sie. „Es ist verrückt, und ich schäme mich, es Ihnen zu gestehen. Aber es bestätigt, was mir kürzlich aufgegangen ist. Vor langer Zeit habe ich irgendwann angefangen, meinen Rufnamen ‚Angel' (Engel) ernstzunehmen. Ich kann es selbst nicht fassen, aber ich dachte, die Erwartungen an mich seien so hoch, daß ich begann, den Engel zu spielen. Natürlich kann ich den anderen dafür nicht alle Schuld geben. Viel habe ich mir selbst auferlegt, um das Gefühl zu haben, etwas Besondere zu sein."

Der Geist Gottes schenkte in diesem Augenblick Selbsterkenntnis. Angela wurde von ihren Leistungszwängen befreit und begriff endlich, was es heißt, aus der Gnade zu leben.

* Wir haben die seelische Vollkommenheit eingebüßt. Diesen Punkt weiter zu erklären, ist wohl nicht nötig. Ein ehrlicher Blick in den Spiegel genügt, um uns das breite Spektrum unserer negativen Gefühle vor Augen zu führen: Angst, Sorge, Ärger, Wut, Eifersucht und Selbsthaß. Oder denken wir daran, wie unberechenbar und unkontrollierbar die Gefühle oft aus uns herausbrechen, selbst gegenüber denen, die wir liebhaben.

* Wir kennen keine vollkommenen Beziehungen mehr. Vielleicht macht unsere seelische Unausgeglichenheit uns auf diesem Gebiet am meisten zu schaffen. Die wundervolle Offenheit und Klarheit, die Adam und Eva kennzeichnete (1. Mose 2,24-25), existiert nicht mehr. Statt dessen verfügen wir heute über einen mechanischen Abwehrmechanismus, hinter dem wir unser wahres Ich verbergen. Wir haben Angst, unsere Gefühle zu offenbaren und uns unseren Nächsten zu erkennen zu geben.

Oft schämen wir uns unserer sexuellen Gefühle – selbst noch in der Ehe. Tiefgehende Freundschaft, Kameradschaft, christliche Gemeinschaft oder die tiefe Intimität sexueller Vereinigung in der Ehe sind etwas, was uns nicht einfach in den Schoß fällt. Sie kosten viel Mühe – bis hin zum Schmerz. Perfekt sind solche Beziehungen nie, aber es kann dahin kommen, daß sie sich in schrecklicher Weise zerstörerisch auswirken.

* Wir haben die geistliche Vollkommenheit verloren. Hierbei handelt es sich um den grundlegenden Verlust, der alle anderen Unvollkommenheiten nach sich gezogen hat. Nicht mehr Gott steht jetzt im Zentrum unseres Bewußtseins, sondern unser eigenes Ich. Unsere ursprünglich einheitliche und vollständige Persönlichkeit ist jetzt zerrissen und unausgeglichen. Das Wesen des Menschen, ursprünglich in vollkommener Harmonie mit Gott, der Natur, den Mitmenschen und mit sich selbst, steht jetzt mit jedem dieser Gebiete in Konflikt.

Wir haben das, was Gott als den „Sohn" erschaffen und gedacht hatte, entehrt. Wir haben aus dem „o" in „son" (Sohn) ein „i" gemacht, das für „I" (Ich) steht, und so wurde „sin" (Sünde) daraus. Was ursprünglich vollkommen war, ist gefallen, verbogen und zerbrochen. Wenn wir die erhabene Schönheit der Schöpfung im 1. und 2. Buch Mose mit den erbärmlichen Trümmern in 1. Mose 3 vergleichen, begreifen wir, welch schreckliche Verluste wir erlitten haben.

KEIN WEG ZURÜCK?

Das Schlimmste an allem ist, daß es keinen Weg zurück gibt. *Und Gott der Herr schickte ihn aus dem Garten Eden hinaus, den Erdboden zu bebauen, von dem er genommen war. Und er trieb den*

Menschen aus und ließ östlich vom Garten die Cherubim sich lagern und die Flamme des zuckenden Schwertes, den Weg zum Baum des Lebens zu bewachen (1. Mose, 3,23). Die Vollkommenheit, wie sie der Garten Eden darstellt, ist *unwiederbringlich für uns verloren.* Desgleichen aber auch unsere Fähigkeit, das Vollkommene zu gewinnen, zu schaffen oder wiederzuerlangen. Wir leben tatsächlich im verlorenen Paradies, aus dem es kein Zurück gibt.

Was wir jedoch nicht verloren haben, ist unsere Erinnerung an das Paradies. Auch der Wunsch oder die Sehnsucht danach ist noch vorhanden. Diese Sehnsucht gehört zum Menschsein dazu. Es ist ein Hunger, der ebenso real ist wie unser Wunsch nach Essen, Sicherheit, Zugehörigkeit, Bestätigung, Zuneigung, Sex und Liebe. Unser Hang zur Perfektion, die Sehnsucht nach Vollkommenheit macht deutlich, wie nötig wir Gott brauchen. Dieses nagende Heimweh ist Teil jener gottgewollten Leere in uns, die nur Gott allein (der wahrhaft Vollkommene) auszufüllen vermag.

Gegen den Wunsch nach Perfektion ist an sich nichts einzuwenden. Er wird erst dann zur Sünde, wenn wir – als gefallene Geschöpfe – darauf bestehen, Vollkommenheit nach unserem Ermessen zu definieren und uns auf unsere Weise darum zu bemühen. Letzteres entstammt den tiefsten Tiefen unserer gefallenen Natur. Dieser verdrehte ichbezogene Stolz, die Hauptursache für alles leistungsorientierte Christentum, wird in der Schrift als „Werkgerechtigkeit" definiert oder, um es mit Paulus zu sagen, als Versuch, sich durch Gesetzeswerke zu rechtfertigen (vgl. Römer 3,20).

So wird die Tugend zum Laster, das Ideal zum Idol, Wirklichkeit zum Trugschluß und das freie Geschenk zum eigenen Verdienst. Das Streben nach Vortrefflichkeit wird zum Überlegenheitskampf, die unverdiente Beziehung entartet zum verdienten Aufstieg, und die leere, geöffnete Hand wird zur gierig greifenden Faust.

Ich bin absichtlich so ins Detail gegangen, um den in der Bibel beschriebenen Hintergrund für unsere verderbliche Jagd nach Vollkommenheit zu erklären. Sie hat ihre Ursache in der „Ursünde" und ist eine ihrer Auswirkungen. Bei manchen Christen liegt aber eine solche Verflochtenheit von seelischen Verletzungen und geistlichen Verfehlungen vor, daß es besonderer Heilung und „Neuprogrammierung" bedarf. Obwohl es stimmt, daß wir alle für unsere eigenen Sünden verantwortlich sind, sind viele Menschen doch auch Opfer fremder Sünden. Es ist manchmal schwierig, beides richtig voneinander zu trennen. Doch vielfach kommen die Leute nicht eher aus dem ständigen Leistungsdruck und allen damit verbundenen seelischen und geistlichen Problemen heraus, bis dies wirklich geschehen ist. Um völlige Heilung zu bewirken, schaltet der Heilige Geist (der große Ratgeber) zeitweise Menschen mit ein. Das kann ein Pastor sein, ein vertrauter Freund oder ein ausgebildeter Berater. Wir werden uns damit in den nächsten Kapiteln noch ausführlicher befassen.

Doch an diesem Punkt ist es wichtig zu erkennen, daß die Wurzeln der Leistungsorientiertheit in der Theologie zu suchen sind. Wenn nur die Gnade Abhilfe schaffen kann, dann ist mangelndes Gnadenverständnis bestimmt die Ursache dafür, daß Gnade so wenig erfahren und so selten ausgelebt wird. Damit hier eine Änderung eintritt, gilt es einzusehen, daß gesunde Beziehungen auf keinem anderen Weg zu erreichen sind, als nur auf der Grundlage der Gnade Gottes. Andernfalls sind wir dazu verurteilt, Gefangene unserer eigenen Leistung zu bleiben.

CLAIRE, EIN SIMSON VON HEUTE

Erinnern Sie sich an die Frau aus Kapitel 1? Claire hieß sie und war Innenarchitektin von Beruf. Sie schrieb in ihrem Brief: „Ich dachte, ich müßte mir Gottes Liebe verdienen. Das hat mich an den Rand des Selbstmords gebracht." Voller Verzweiflung hatte sie versucht, sich das Leben zu nehmen, doch wie viele andere gab sie zu, daß sie gehofft hatte, es würde mißlingen. Es war wirklich ein verzweifelter Hilfeschrei gewesen.

Claire nahm zur Erklärung ihrer Lage ein biblisches Beispiel zu Hilfe, wie ich es noch nie gehört hatte. Sie sagte, daß sie sich vor ihrem Selbstmordversuch sehr stark mit Simson im Alten Testament identifiziert hatte. Dabei stand ihr besonders folgende Szene vor Augen: *Und die Philister packten ihn und stachen ihm die Augen aus. Und sie führten ihn nach Gaza hinab und banden ihn mit ehernen Fesseln, und er mußte im Gefängnis die Mühle drehen (Richter 16,21).* Claire sagte, daß sie sich genauso fühlte. Eingesperrt, an einen großen Mahlstein gefesselt und gezwungen, ihn ständig im Kreis zu drehen – fast wie ein angekettetes Tier. „Ich fühlte mich wie in einer Tretmühle. Alles, was ich versuchte, brachte mich in einen Teufelskreis hinein. Manchmal schaffte ich es, langsam zu laufen. Aber gewöhnlich ging es schneller und schneller, weil ich mich gedrungen fühlte, weiterzumachen. Ich wollte endlich das Gefühl haben, genug getan zu haben. Aber dazu kam es nie, und so hatte ich ständig das Empfinden, von niemand akzeptiert oder geachtet zu werden. Ich war wie in einer Falle, aus der es kein Entrinnen gab. Meine Erschöpfung nahm immer mehr zu. Ich kann Simsons tödlichen Entschluß verstehen, das ganze Ding schließlich zum Einsturz zu bringen. Es schien einfach keinen Ausweg zu geben – auch heute kommt es mir noch so vor."

Ich habe bei manchem aufrichtigen Gotteskind solche Ausbrüche der Verzweiflung erlebt, weil die Tretmühle des Leistungszwangs sie gefangen hielt. – An jenem Tag las ich mit Claire zusammen einige Worte, die Jesus zu Beginn seines Dienstes in der Synagoge von Nazareth ausgesprochen hat. Es waren beglückende Worte der Hoffnung und Zuversicht, die sehr gut in Claires Simson-Szene hineinpaßten.

Der Geist des Herrn ist auf mir, weil er mich gesalbt hat, Armen die gute Botschaft zu verkündigen; er hat mich gesandt, Gefangenen Befreiung auszurufen und Blinden, daß sie wieder sehen, Zerschlagene in Freiheit hinzusenden, auszurufen ein angenehmes Jahr des Herrn (Lukas 4,18-19).

Ja, das ist mein Gebet, daß die Gute Nachricht von der Gnade – Gottes bedingungsloser Annahme – in Ihrem Leben sichtbare Auswirkungen hat.

KAPITEL 5

Die große Kluft

Nie werde ich meine erste Begegnung mit dem Grand Canyon in Arizona vergessen. Als Missionarskind hatte ich damals schon viele der sogenannten Weltwunder gesehen und wußte, daß Besichtigungstouren in Wirklichkeit selten so ausfallen, wie phantasievolle Reklame glaubhaft machen will. So hatte ich mit zwölf Jahren schon die praktische Philosophie entwickelt: „Freue dich nicht zu sehr auf irgendeine berühmte Sehenswürdigkeit. Sie wird deinen Erwartungen nicht entsprechen."

Mit dieser skeptischen Grundeinstellung marschierte ich 1934 auf den Grand Canyon zu. Damals, als Vermarktung noch etwas relativ Seltenes war, machte man sich einfach auf den Weg, bis man schließlich davorstand. Ich war sprachlos vor Überraschung. Eine ganze Weile stand ich einfach da und bestaunte die schier unglaubliche Ausdehnung des Abgrunds – seine Weite, Breite und Höhe und tief unten der fadengroß erscheinende Lauf eines Flusses. Welch unglaubliches Farbenspiel bot sich meinen Augen dar! Es dauerte einige Minuten, bis ich alles in mich aufgenommen hatte und wußte, daß ich nicht träumte. Zum ersten Mal in meinem Leben machte ich die Erfahrung, daß etwas meine Erwartungen übertraf.

Dieses Erlebnis kommt mir in Erinnerung, wenn ich an eine andere Art von Abgrund denke – die tiefe Kluft, die sich zwischen dem vollkommenen, heiligen Gott und einer unvollkommenen, sündigen Menschheit auftut. Es ist der Abgrund der Sünde, der noch tiefer und unüberbrückbarer ist als der Grand Canyon. Wie können wir diesen abgrundtiefen Riß überwinden? Die Wahrheit ist, daß wir es niemals schaffen können, und damit befinden wir uns in einer aussichtslosen Lage. Aus Gottes Wort geht klar hervor, daß es von unserer Seite keine Möglichkeit zur Überbrückung des Abgrunds gibt. Gott selbst muß Abhilfe schaffen. Wir Menschen sind nicht in der Lage, Gottes vollkommenes Gesetz, das in seinen Forderungen immer noch Geltung hat, zu erfüllen. Er hat uns erschaffen, damit wir mit ihm und anderen in vollkommener Harmonie leben sollen. Daran hat sich bis heute nichts geändert.

GESETZ UND LIEBE

Bei den Begriffen Liebe und Gesetz geht es uns nicht um eine Liste von Geboten und Verboten. Gewöhnlich denkt man sofort an die Zehn Gebote, die Gesetze des Alten oder die Gebote des Neuen Testaments. Wir wollen vielmehr daran erinnern, was Jesus über das Gesetz sagte, als er den ausdrücklichen Befehl in 5. Mose 6,5 näher erläuterte: *Du sollst den Herrn, deinen Gott, lieben mit deinem ganzen Herzen und mit deiner ganzen Seele und mit deinem ganzen Verstand. Dies ist das größte und erste Gebot. Das zweite aber ist ihm gleich: Du sollst deinen Nächsten lieben wie dich selbst. An diesen zwei Geboten hängt das ganze Gesetz und die Propheten (Matthäus 22,37-40).* Ausgehend von diesen Worten Jesu schreibt Paulus: *Seid niemand irgend etwas schuldig, als nur einander zu lieben; denn wer den anderen liebt, hat das Gesetz erfüllt (Römer 13,8-10).* Auch der Apostel Johannes betont die Liebe zu Gott und den Mitmenschen in 1. Johannes 3,11-24 und 4,7-21. Es besteht also kein Zweifel, daß für alle Gebote und Verbote der Schrift das Gesetz der Liebe maßgebend ist.

Um alles noch unmöglicher für uns zu machen, erwartet Gott von uns, daß wir das Gesetz nicht nur vollkommen, sondern auch von ganzem Herzen erfüllen. Das heißt, unser Gehorsam muß wirklich eine Herzensangelegenheit und nicht nur ein bloßes, äußerliches Tun sein. Es genügt jetzt nicht mehr, Mord, Ehebruch oder Diebstahl einfach zu vermeiden, denn die Gebote wenden sich jetzt wesentlich mehr nach innen. Es wird von uns erwartet, keine Abneigung, keine Begierde und kein sündliches Begehren mehr in uns aufkommen zu lassen. Aus dem Neuen Testament entnehmen wir, daß wir Gott und die Menschen von ganzem Herzen lieben und auch den Willen Gottes von ganzem Herzen tun sollen (Matthäus 22,37; 18,35; Epheser 6,6).

Um diese Punkte ging es bei den Auseinandersetzungen zwischen Jesus und den Pharisäern, den leistungsorientierten Reichsgottesarbeitern seiner Zeit. Den Buchstaben des Gesetzes erfüllten sie bis aufs kleinste, verstießen aber fortfährend gegen dessen *Geist*, so daß Jesus zu ihnen sagte: *Heuchler! Trefflich hat Jesaja über euch geweissagt, indem er spricht: „Dieses Volk ehrt mich mit den Lippen, aber ihr Herz ist weit entfernt von mir. Vergeblich aber verehren sie mich, indem sie als Lehren Menschengebote lehren" (Matthäus 15,7-9).*

Wenn wir die auf unser Inneres bezogenen Gebote betrachten, erkennen wir leicht, vor welch einer Unmöglichkeit wir stehen: Ein Abgrund tut sich auf zwischen den Forderungen Gottes und unserem Können, zwischen dem Soll und dem Ist. Beim Sündenfall haben wir diese Kluft nicht nur bewirkt, sondern auch die Kraft zu ihrer Überwindung verloren. Das heißt aber noch lange nicht, daß wir den Versuch aufgegeben haben. Wir sind ständig dabei, auf alten und neuen Wegen nach einer Möglichkeit zu suchen, es dennoch zu schaffen. Doch alles ist gleichermaßen vergeblich!

VERFÄLSCHTE AGAPE

Agape ist das griechische Wort für die Liebe Gottes oder die Liebe, die Gott in uns hineinlegt. Es gibt aber eine gefühlsorientierte, verwässerte Form von Agape, die so aus dem Gleichgewicht geraten ist, daß sie alle anderen Aspekte des Wesens Gottes ausklammert. Diese Art „Liebe" ist heute in vielen religiösen Kreisen anzutreffen, von denen sich einige sogar als christlich bezeichnen. Diese Leute leugnen ganz einfach, daß es eine Kluft gibt. Gott ist in ihren Augen so liebevoll, daß er unsere Sünden und Verfehlungen großzügig übersieht. Stellen wir uns diese verfälschte Liebe als einen dicken Sirup vor, den man in den Grand Canyon gießt, bis alles als ebene Fläche erscheint und man die tiefe Kluft zwischen beiden Seiten nicht mehr sieht.

Es wird auch gesagt, daß es keine Kluft gibt, weil es zwischen Gut und Böse, Recht und Unrecht, Wahrheit und Irrtum, Sünde und Gerechtigkeit keine wirklichen Unterschiede gibt. Es gibt keine sittliche Unterscheidung, weil alles ein Teil Gottes und deshalb gut ist. Wenn uns manches schlecht erscheint, handelt es sich dabei nur um eine Illusion.

Diese Philosophie wird attraktiv verpackt. Fernsehberühmtheiten treten für sie ein, oder sie findet mit Hilfe von Büchern und teuren Seminaren Verbreitung. Das Unglaubliche geschieht, daß jemand, der für seinen lockeren Lebenswandel bekannt ist, sich im Fernsehen selbst als Gott bezeichnet. Solche Aussagen sind bezeichnend für die New Age–Bewegung. Leute, die wie wir in Indien oder Fernost als Missionare tätig waren, erkennen, daß es sich dabei um eine hohlköpfige verwestlichte Form sehr alter hinduistischer oder buddhistischer Glaubensinhalte handelt. Bei anderen Anhängern dieser Philosophie ist Gott irgendein unpersönliches Wesen. Ihr Segensspruch lautet: „Die Kraft sei mit dir."

Dann gibt es den verwässerten Gott der liberal gesinnten Christen, der so allumfassend ist, daß er als freundlicher himmlischer Urgroßvater dargestellt wird. Dieser Gott, gutmütig und arglos wie er ist, lächelt auf seine Geschöpfe hinunter und sagt: „Solange ihr euch amüsiert, ist alles in Ordnung, Kinder."

Die Bibel stellt klar heraus, daß Gottes Liebe heilig ist. Derselbe Apostel, der uns sagt: „Gott ist Liebe" (1. Johannes 4,16), sagt uns auch: „Gott ist Licht; in ihm gibt es keine Spur von Finsternis" (1. Johannes 1,5, GN). Es gibt eine Menge Schriftstellen, in denen von „Gottes Zorn" die Rede ist. Bei manchen weichen, überempfindlichen Christen, die zumeist eine negative, von Furcht bestimmte Gottesvorstellung haben, liegt hier ein zentrales Problem. Trotz ihrer theoretisch guten Theologie haben sie tief im Inneren das Gefühl, Gott sei wie ein allmächtiges Ungeheuer hinter ihnen her. Und vor diesem Gott fürchten sie sich. Hier berühren wir ein Gebiet, auf dem wir nur mit Hilfe einer ausgewogenen Bibelkenntnis zum richtigen Verständnis einer äußerst wichtigen Wahrheit gelangen. Fangen wir deshalb gleich damit an.

Gottes Zorn beinhaltet, daß Gott in seiner Heiligkeit niemals in irgendeine Sünde einwilligen kann. Er kann Sünde nicht übersehen oder sich durch irgendeinen Handel darauf einlassen. Gott ist einfach gegen jede Art von Sünde, gleichgültig, wie und zu welcher Zeit sie stattfindet. Weil Sünde die sittliche Ordnung der Welt durcheinanderbringt, kann Gott sie nicht ignorieren. Seine Haltung dem Guten und Bösen gegenüber sieht verschieden aus. Wäre sie gleich, würde er damit seine eigenen sittlichen Maßstäbe verleugnen.

Der Zorn Gottes ist nicht mit dem zu vergleichen, was wir unter Zorn verstehen. Bei uns ist es oft ein Zornausbruch, eine plötzliche Gefühlsaufwallung, eine Reaktion auf Verärgerungen, bei der wir die Beherrschung verlieren. Gott reagiert nicht mit Zornausbrüchen dieser Art auf unsere Sünde, um es uns anschließend heimzuzahlen. Gottes Zorn ist seine vorhersagbare, stets gleichbleibende Feindschaft gegen alles Sündige oder Unheilige.

Wir komplizieren die Dinge noch, wenn wir Zorn und Haß miteinander verwechseln. Sie sind keinesfalls dasselbe. Eltern wissen das. Sie können sehr zornig auf ihre Kinder sein und sie gleichzeitig lieben. Gute Eltern gehen hier noch einen Schritt weiter. Sie wissen, daß es Zeiten gibt, in denen gerade ihr Zorn beweist, wie lieb ihnen ihre Kinder sind. Wenn Eltern ihre Kinder wahrhaft lieben, werden sie nichts dulden, was ihnen schaden oder sie innerlich oder äußerlich zerstören könnte. Der Zorn Gottes, seine heilige Kampfansage gegen die Sünde, ist ein sicherer Beweis seiner Retterliebe. Gott liebt uns so sehr, daß er ein unendliches Interesse an unserem Ergehen hat.

„Ich weiß trotzdem nicht, wie ich dieses Gerede vom Zorn Gottes verstehen soll – ich habe einfach Angst davor", wendet vielleicht jemand ein. Versuchen wir, die Sache mit einer Frage zu klären: Gibt es eine Alternative zum Zorn Gottes? Ist die Alternative ein Gott, der nur Liebe ist? Nein, denn, wie wir gesehen haben, gehören Liebe und Zorn zusammen wie die beiden Seiten einer Münze. Man kann das eine nicht ohne das andere haben. Die Alternative ist Gleichgültigkeit. Wir hätten dann einen teilnahmslosen, moralisch unbeteiligten Gott, den die Auseinandersetzung zwischen Gut und Böse völlig kalt ließe. Es wäre ein Gott, der gleichsam auf dem sittlichen Zaun der Welt säße und sagte: „Mir ist es egal, was mit ihnen passiert. Laß sie sündigen, wenn sie wollen. Es ist ihre Sache. Ich werde mich nicht in ihr Leben einmischen." Sollte Ihnen deshalb das biblische Bild eines heiligen Gottes, der auf Sünde mit Zorn reagiert, je wieder altmodisch und furchterregend vorkommen, dann stellen Sie sich etwas viel Schrecklicheres vor, nämlich einen gleichgültigen Gott, der sich nicht um Sie kümmert. Malen Sie sich aus, was es bedeuten würde, in einer Welt wie der unsrigen zu leben, wenn wir einen persönlich gleichgültigen, in ethischer Hinsicht neutralen Gott hätten. Wäre es nicht ein fürchterlicher Alptraum?

Nur die Tatsache, daß Gott heilig ist und sich unnachsichtig gegen jede Form von Sünde wendet, macht das Leben in einer Welt wie der unsrigen erträglich. Denn dies bedeutet, daß Gott uns wichtig genug nimmt, um auf unsere Sünde mit Zorn zu reagieren. Es bedeutet auch, daß wir Gottes Position genau kennen. Er hat sich eindeutig auf die Seite von Recht und Gerechtigkeit gestellt. Das sollte uns trösten – nicht in Angst versetzen! Außerdem kann es uns vor dem Versuch bewahren, die tiefe Kluft zwischen uns und Gott durch eine Veränderung seines vollkommenen Charakters überbrücken zu wollen.

DER FREUDSCHE WEG

Wir führen Sigmund Freud hier lediglich als Beispiel an. Gewöhnlich wird er als Vater der Psychoanalyse und aller psychologischen Lehrmeinungen angesehen, die versuchen, den Abgrund durch Umbenennung dessen, was Sünde ist, zu überbrücken. Hierbei wird die bestehende Kluft entweder durch Herabminderung des Maßstabs, den Gott an uns anlegt, verleugnet, oder der Abgrund wird zu einer bloßen Rinne verkleinert, die leicht zu überspringen ist.

Jemand hat Jesus und Freud einmal folgendermaßen verglichen: Christus sagt zu Sündern: „Geh und sündige hinfort nicht mehr", während Freud ihnen rät: „Geh und gräme dich nicht über deine Sünde." Obwohl es sich hierbei bestimmt um eine vereinfachte Darstellung handelt, wird doch der grundsätzliche Irrtum all jener herausgestellt, die den Abgrund der Schuld einfach als Schuld*gefühl* abtun wollen.

Schuldgefühle infolge unserer sogenannten Sünden und Schwächen sind in ihren Augen nichts anderes als die Folge gewisser Verbote und Vorschriften, die unserem Gewissen mittels kultureller und sozialer Einflüsse aufgeladen wurden. Ihrer Meinung nach werden unsere Vorstellungen von Recht und Unrecht vorwiegend von den Eltern, Lehrern, den Religionen und den in unserer Gesellschaft geltenden Gesetzen geprägt. Auf dieser Grundlage entwickeln sich unsere Wertvorstellungen und somit auch unsere Gefühle von Schuld und Rechtfertigung. Um diese Gefühle loszuwerden, muß man sich darüber klarwerden, daß die Vorschriften menschlichen und damit ziemlich relativen Meinungen entspringen. Wir alle haben verschiedenartige Maßstäbe, und diese unterliegen ständigen Veränderungen. Es gibt ihrer Meinung nach keine absoluten Werte, keine wirklich feststehenden Maßstäbe. Da sie menschlichen Ursprungs sind, kann der Mensch sie auch verändern und auf diese Weise den Abgrund überbrücken.

Die tragischen Folgen dieser Philosophie offenbaren sich in der sexuellen Revolution von heute. Das extremste Beispiel ist wohl die veränderte Haltung, die heutzutage von vielen säkularen Psychologen gegenüber homosexuellen Praktiken eingenommen wird. Was ehemals als Sünde angesehen wurde, die es zu vermeiden galt, oder als Krankheit, die der Heilung bedurfte, ist heute ein akzeptabler Lebensstil, möglicherweise sogar eine Gabe geworden, die man feiern sollte. Das Erstaunliche ist, daß diese Wandlung sich innerhalb weniger Jahre vollzogen hat und selbst manche christliche Kreise beeinflußt, ja infiziert hat. Dies überrascht um so mehr angesichts der Tatsache, daß jeder biblische Bezug auf die Homosexualität negativ ausfällt – ein klassisches Beispiel dafür, wie man die Kluft durch Fortnahme des Maßstabs zum Verschwinden bringt. Ebenso typisch sind die Geschehnisse, wenn man Recht und Unrecht nicht mehr an den ethischen Grundsätzen der Bibel mißt.

Es ist wahr, daß die kulturelle Richtschnur unseres Gewissens dem Einfluß von Zeitströmungen und Überlieferungen nicht völlig entzogen ist. Selbst die Bibel liefert uns viele Beispiele dafür. Doch die grundsätzlichen Maßstäbe bleiben unverändert, weil sie dem Menschen ins Herz geschrieben sind.

Weil das von Gott Erkennbare unter ihnen offenbar ist, denn Gott hat es ihnen geoffenbart. Denn sein unsichtbares Wesen, sowohl seine ewige Kraft als auch seine Göttlichkeit, wird von Erschaffung der Welt an in dem Gemachten wahrgenommen und geschaut, damit sie ohne Entschuldigung seien ... Sie beweisen, daß das Werk des Gesetzes in ihren Herzen geschrieben ist, indem ihr Gewissen mit Zeugnis gibt ... (Römer 1,19-20; 2,15).

Die Bibel lehrt, daß es eine grundsätzliche Offenbarung gewisser universeller Maßstäbe und eine dementsprechende Auffassung von Schuld und Sühne gibt. Anthropologische Forschungen haben gezeigt, daß es ein allgemeines intuitives Wissen über den Abgrund zwischen einer sündigen Menschheit und Gott zu geben scheint. Die Versuche, die die verschiedenen Völker zum Überbrücken der Kluft unternommen haben, sind sehr unterschiedlich und mögen völlig falsch sein. Richtig ist jedoch die unmittelbare Erkenntnis, die zu diesen Handlungen geführt hat. Alle Sühneversuche scheinen ausdrücken zu wollen, was in Hebräer 9,22 geschrieben steht: *Ohne*

Blutvergießen gibt es keine Vergebung.

Ich bin in Indien verschiedenen Versuchen von Selbsterlösung begegnet. Da benutzte beispielsweise eine Hindufrau ihren Körper für die fünf Meilen Entfernung bis zum Tempel des Ortes als lebendige Meßlatte; oder singende schiitische Moslems schlugen sich so lange mit bloßen Händen auf die Brust, bis es blutete. Ich habe auch an manchen gequälten Christen, die zu mir in die Beratung kamen, solche selbstzerstörerischen Tendenzen beobachtet, beispielsweise durch ein Übermaß an Arbeit. Manche versuchen ihre Sünden dadurch abzubüßen, indem sie sich mit innerer Selbstablehnung bestrafen, andere mit schweren seelischen Störungen greifen zu ungewöhnlichen und quälerischen Selbstopfermethoden. Ich bin immer wieder überrascht über das uns angeborene Empfinden für Schuld und Sühne. Menschen mögen es zu unterdrücken oder zu ignorieren versuchen, es findet trotzdem überraschende Wege, sich bemerkbar zu machen.

Ein Beispiel hierfür ist Dottie, ein unverheiratetes junges Mädchen, das zu mir in die Beratung kam. Sie war alles andere als zurückhaltend und sprach offen über sich selbst. Ich war überrascht über das, was mir wie ein zwanghaftes Bedürfnis erschien, den Schmutz ihres Lebens in grellem Detail zu schildern. Sie gehörte zu jenen modernen, „befreiten" Christen, denen Pastoren leid tun, weil diese ihrer Meinung nach in einer abgeschirmten, keimfreien Umgebung leben. Sie gehen so aus sich heraus, um uns die wirkliche Welt vor Augen zu führen. Es gehört zu ihrer Mission, uns arme ausgeschlossene Seelen über die Freuden ihrer neugewonnenen Freiheit aufzuklären.

Von Zeit zu Zeit unterbrach Dottie ihren rasendschnellen Vortrag und sagte, während sie mich herausfordernd anlächelte: „Denken Sie ja nicht, daß ich wegen dieser Dinge Gewissensbisse habe!"

Ich mußte mich auf dieses anomale Verhalten einlassen und die von mir erwartete Rolle mitspielen, und so sagte ich jedesmal: „Nein, natürlich nicht. Ich verstehe. Für Sie hat das nichts mit Schuld zu tun."

Dann analysierte ich Dotties Körpersprache. Sie nahm immer wieder Kleenextücher aus einer Schachtel, die ich auf einem Seitentisch stehen habe. Natürlich nicht, um ihre Tränen damit fortzuwischen – sie hatte ja keine Schuldgefühle –, wohl aber, um sie eines nach dem anderen in kleine Stücke zu zerreißen. Der Berg auf dem Tisch wurde höher und höher. Was mich am meisten faszinierte, war die Tatsache, daß sie dieses Zerstückelungsritual völlig unbewußt vollzog. Nach einer Weile entschloß ich mich, meine indirekte Rolle aufzugeben und sie in ihren Enthüllungen zu unterbrechen. Ziemlich abrupt sagte ich deshalb zu ihr: „Entschuldigen Sie, Dottie, aber ich glaube nicht, was Sie mir da erzählen."

„Was soll das heißen? Es ist die reine Wahrheit, wirklich!"

„Ihre Geschichten glaube ich ja, aber eins glaube ich nicht."

„Und das wäre?"

„Ich glaube nicht, daß Sie angesichts des ganzen Schmutzes in Ihrem Leben keine Schuld empfinden. Ich habe vielmehr das Gefühl, daß der Berg von Schuld ebenso hoch ist wie der Kleenexberg, den Sie dort auf dem Tisch aufgehäuft haben."

Schockiert vor Überraschung nahm sie wahr, was sie gemacht hatte. Dann saß sie still da und starrte die Kleenexfetzen an. Ich sagte nichts, aber der Heilige Geist, von dem Jesus gesagt hatte, daß er die Welt von Sünde überführen würde, sprach eine laute und deutliche Sprache. Langsam langte Dottie hinüber, um sich ein neues Kleenextuch zu nehmen – diesmal aber, um es seinem richtigen Verwendungszweck zuzuführen. „Sie haben recht", schluchzte sie leise. „Ich hatte gehofft, keine Schuldgefühle zu haben, wenn ich bezüglich meiner Sünden kein Blatt vor den Mund nehmen würde. Aber tief im Inneren wußte ich es besser; ich wußte auch, daß Sie die Wahrheit kannten. Vermutlich habe ich im stillen gehofft, daß Sie mich nicht damit durchlassen würden." Wir lasen die wunderbare Stelle aus Kolosser 2,13-15 miteinander, in der Paulus das Erlösungswerk Christi mit den Worten beschreibt (GN):

Einst wart ihr tot, denn ihr wart unbeschnitten, das heißt, in ein Leben voll Schuld verstrickt. Aber jetzt hat Gott euch mit Christus zusammen lebendig gemacht. Er hat uns unsere ganze Schuld vergeben. Den Schuldschein, der uns mit seinen Forderungen belastet hatte, hat er für ungültig erklärt. Er hat ihn ans Kreuz genagelt und damit für immer beseitigt. Die unsichtbaren Mächte hat er entwaffnet und sie zu ihrer Schande vor aller Welt in seinem Triumphzug mitgeführt.

Dottie begann zu begreifen, daß sie es nicht nötig hatte, ihre Sünden hervorzuzerren, Kleenextücher zu zerreißen oder andere ihr selbst unbewußte Bußhandlungen durchzuführen. Christus hatte alle ihre Sünden ans Kreuz getragen und sie von ihrer Schuld befreit. Jetzt galt es, Jesus alles zu bekennen und ihm sein vollbrachtes Erlösungswerk zu glauben. Dottie merkte, daß wir den Abgrund nicht dadurch überbrücken können, daß wir so tun, als gäbe es ihn nicht. Jesus allein ist die Brücke. *Ihm müssen wir vertrauen, der unsere Sünden an seinem Leib selbst an das Holz hinaufgetragen hat. (1. Petrus 2,24).*

DER WEG DER SELBSTGERECHTIGKEIT

Es gibt jedoch noch eine andere erfolglose Methode, um über die Kluft zu gelangen. Sie wird oft von den gesetzlicheren Christen angewandt. Sie halten sich gehorsam an eine Reihe genau festgelegter Bestimmungen und benutzen in der Hauptsache die Gebote Gottes als Baumaterial für ihre Brücke. Selbst aufgestellte Vorschriften sind gleichsam die Nuten, Bolzen und Nieten, die die Hauptträger der Brücke zusammenhalten sollen. Sehr sorgfältig wird mit Hilfe eines engmaschigen Plans veräußerlichter Gesetze, Vorschriften und Regeln eine stabil aussehende Brücke konstruiert. Im Handbuch des Eigentümers, das dazugehört, findet man jedes Detail der Brücke verzeichnet. Am Ende wird diese vorgefertigte Brücke sorgfältig und mit Gebet über den Abgrund gehievt und fest verschweißt. Sie scheint ganz genau zu passen. Ihre schwere Bauweise, ihre Größe und Festigkeit lassen auf eine Riesentragkraft schließen. Als sie schließlich die Brücke in dem Gefühl überqueren, es geschafft zu haben, fühlen sie sich vorübergehend sicher und zufrieden.

Vor seiner Bekehrung hat auch Paulus eine solche Brücke gebaut. Er spricht im Philipperbrief (3,5-6) davon: *Hebräer von Hebräern; dem Gesetz nach ein Pharisäer; dem Eifer nach ein Verfolger der Gemeinde; der Gerechtigkeit nach, die im Gesetz ist, untadelig geworden.* Zur Zeit Jesu waren die Pharisäer natürlich die eifrigsten „Brückenbauer". Mit ihren 612 ausführlichen Regeln für das tägliche Leben hatten sie die Gerechtigkeit zu einer exakten Wissenschaft ausgebaut. Das einzige Problem beim Befolgen dieser ganzen Vorschriften bestand darin, daß sie niemals das Herz der Sache trafen – nämlich das Gesetz der Liebe. Am heftigsten richtete sich der Zorn Jesu gegen die Pharisäer, als sie eines Tages mehr am Befolgen der Gesetze als an der Heilung eines Mannes interessiert waren, dessen Hand verkümmert war (Markus 3,1-5).

Manch ein aufrichtiger Christ hat in dem Wunsch, Gott zu gefallen, die Kluft auf die gleiche Weise zu überwinden versucht, mußte aber schließlich feststellen, daß dieser Weg dem Herrn am allerwenigsten gefällt. Er führt niemals zu dauerhaftem Frieden, weil die Liste immer wieder durch Einzelpersonen oder Gruppen um eine neue Regel erweitert wird. Außerdem können diese Gesetzestreuen niemals sicher sein, ob sie auch wirklich alles so befolgt haben, wie es von ihnen erwartet wird. Wir haben es also mit einer unsicheren Brücke zu tun, die keinem echten Sturm gewachsen ist.

Vor Jahren ist so etwas mit einer sehr berühmten Brücke geschehen. Die Tacoma Narrows Brücke im Staate Washington, Anfang 1940 fertiggestellt, war ein wahres Meisterwerk der Technik. Als 2800 Fuß hohe Hängebrücke überspannte sie die Meerenge von Puget. Die Fertigstellung dieser äußerst wichtigen Verbindung hatte 75 Millionen Dollar gekostet, in der damaligen Zeit eine phantastische Summe. Man widmete der Brücke soviel Aufmerksamkeit, daß eine örtliche Versicherungsgesellschaft sie für ihre Werbung einsetzte. Der Slogan: „Sicher wie die Tacoma Brücke", der überall zu lesen war, verhalf der Gesellschaft zu blühenden Umsätzen. Doch der Erfolg hielt nur wenige Monate an. Am 7. November 1940 blies ein starker Wind in die Meerenge von Puget. Was dann geschah, weiß niemand mit Sicherheit zu sagen. Vermutet wurde unter anderem, daß der Wind – wegen des ungewöhnlichen Terrains dort eingeschlossen – eine Verdoppelung erfahren hatte, d.h. aus dem Wind mit einer Geschwindigkeit von 42 Meilen pro Stunde war ein Sturm mit einer Stundengeschwindigkeit von 84 Meilen geworden.

Was auch der Grund gewesen sein mag – die Brücke begann zunächst leicht zu schwanken. Das war an sich nichts Neues, hatte man der Brücke in den Medien doch schon den liebevollen Beinamen „Galloping Gertie" (Galoppierende Gertie) beigelegt. Doch diesmal nahm das Schwanken immer mehr zu, bis die Brücke sich schließlich in einer heftigen Vor- und Rückwärtsbewegung befand, ähnlich den Gehbewegungen einer Raupe. Dramatische Szenen spielten sich ab, als Fahrer ihre Wagen verließen und auf der Hochbrücke entlangkrochen, die inzwischen eher einem Waschbrett ähnelte. Innerhalb von Minuten fiel das gigantische Bauwerk in sich zusammen und stürzte krachend ins Wasser. Zum Glück kam außer einem einzigen Tier niemand ums Leben. In ihrer Verwirrung stellte die Versicherungsgesellschaft überall im Nordwesten Leute ein, die zu einem lächerlich hohen Lohn dafür sorgen mußten, daß die Reklameposter „Sicher wie die Tacoma-Brücke" von der Bildfläche verschwanden. Als die Brücke schließlich im Jahre 1951 neu errichtet wurde, waren die Ingenieure besonders bemüht, die mutmaßliche Unglücksursache, d. h. „die unzureichende Torsions- und Vertikalfestigkeit in den nur 8 Fuß tiefen Hauptträgern", auszuschalten.

Jesus beendete seine Bergpredigt mit einem kurzen Gleichnis. Es war darin nicht von einer Brücke, wohl aber von Konstruktionsfehlern die Rede. Bei dem einen Haus war das Fundament nicht tief genug in den Fels gehauen worden. *Der Platzregen fiel hernieder, und die Ströme kamen, und die Winde wehten und stießen an jenes Haus, und es fiel, und sein Fall war groß (Matthäus 7,24-27).*

Die Bibel zeigt in aller Deutlichkeit, daß jeder noch so perfekte Versuch, durch Befolgung von Gesetzen über den Abgrund zu gelangen, zum Scheitern verurteilt ist. Der Sinn des Gesetzes besteht darin, uns die große Kluft zwischen Gott und Mensch richtig bewußt zu machen. Die Kluft wird nicht kleiner, sondern größer.

Wir wissen aber, daß alles, was das Gesetz sagt, es denen sagt, die unter dem Gesetz sind, damit jeder Mund verstopft werde und die ganze Welt dem Gericht Gottes verfallen sei. Darum: aus Gesetzeswerken wird kein Fleisch vor ihm gerechtfertigt werden; denn durch Gesetz kommt Erkenntnis der Sünde (Römer 3,19-20).

DER SISYPHUS-WEG

„Wir strengen uns noch mehr an." Millionen leistungsorientierter Christen, echt wiedergeborene Gotteskinder, haben dies zu ihrem Leitsatz gewählt und quälen sich damit durchs Leben. Sie befinden sich in einem schier endlosen Teufelskreis von Versagen, Schuldgefühl, Reue, Buße, Vergebung und Wiedergutmachung, der sie schließlich müde resignieren läßt.

Diese Entmutigung kann schwerwiegende Folgen haben, zu denen auch körperliche und seelische Erschöpfungszustände gehören. Der ständige überhöhte Leistungsdruck, unter dem solche Menschen stehen, führt manches Mal bis zum Nervenzusammenbruch.

Andere, die es leid sind, im Kampf immer wieder zu unterliegen, halten sich in einem Dämmerlicht von Niederlage und Depression auf. Sie sind ständig auf der Suche nach neuen geistlichen Höhepunkten, von denen sie aber scheinbar immer ausgeklammert bleiben. Manche werfen den Glauben ärgerlich über Bord, weil ihr Gewissen nie zur Ruhe kommt und Gott scheinbar nie zu befriedigen ist. Obwohl es auf den ersten Blick nicht so erscheinen mag, ist ein solcher Glaubensabfall schlimmer als ein seelischer Zusammenbruch.

Dann gibt es Christen, die aufgrund ihrer starken Konstitution und hartnäckigen Entschlossenheit durchhalten, aber mit den vielfältigsten Kombinationen seelisch-geistlicher Schwierigkeiten zu kämpfen haben. Das sind jene, die sich im Netz der eigenen Leistung verfangen haben und denen dieses Buch in der Hauptsache gewidmet ist.

Was ist nun grundsätzlich falsch an diesem Weg? Wieso führt er nicht zum Erfolg? Weil man einen Abgrund niemals in zwei Sätzen überspringen kann! Wir haben nur eine einzige Gelegenheit. Wenn Gottes Wort sagt, daß wir alle gesündigt haben und es nicht schaffen, dann ist das eine feststehende Tatsache. Ob wir die andere Seite dann um einen Fuß, hundert Yard oder einen Inch verpassen, ist völlig unerheblich. Wir werden auf jeden Fall abstürzen, wenn wir zu kurz springen.

Am 8. September 1974 machte der Schausteller Evel Knievel den Versuch, über den Abgrund des Schlangenflusses (Snake River) in Idaho zu springen. Knievel hatte sich vorher schon durch besondere Motorradkunststücke einen Namen gemacht, bei denen er mit rasanter Geschwindigkeit über ein Gewirr lebender Klapperschlangen oder ganze Reihen parkender Autos geflogen war. Mehrmals hatte er schwere Verletzungen davongetragen, so daß er sich damit brüstete, jeder größere Knochen – mit Ausnahme seines Halses – sei in seinem Körper schon einmal gebrochen gewesen. Doch der Versuch, mit dem Motorrad über den gefährlichen Abgrund zu springen, war ein noch viel gefährlicheres Unterfangen.

An jenem Tag hatte er einen Scheck über sechs Millionen Dollar als Vorauszahlung kassiert, denn man rechnete mit etwa 200 000

Zuschauern und einer Komplettbelegung im Fernsehen. Tatsächlich waren dann aber nur einige Gruppen von Motorradfans und ungefähr 15 000 Zuschauer versammelt, um seinen Flug über den Canyon zu sehen. Doch sein fliegendes Motorrad schaffte es nicht. Glücklicherweise sorgte ein Fallschirm dafür, daß er am Flußufer sicher zu Boden kam. Zerschunden und gedemütigt, aber ohne schwere Verletzungen, brachten ihn Rettungshubschrauber anschließend wieder nach oben zurück. Im Jahrbuch der Enzyklopädie Britannica von 1975 wurde dieser Vorfall treffend als „spektakulärster Reinfall des Jahres" bezeichnet.

Das alles gibt uns ein anschauliches Beispiel für die größte Schwäche, die uns Menschen kennzeichnet: den stolzen und bösen Versuch, die moralische Kluft zu überwinden und „wie Gott" zu werden. Gottes Wort läßt keinen Zweifel daran, daß jeder Versuch in dieser Richtung zum Scheitern verurteilt ist. Weil wir gefallene Geschöpfe sind, fehlt es uns an Kraft. Egal, wie intensiv und ausdauernd wir uns darum bemühen, wir werden es niemals schaffen. Es ist wirklich ein Teufelskreis, aus dem wir niemals aus eigener Kraft herauskommen.

Welch ein Segen, daß Gott selbst für einen Ausweg gesorgt hat. Es ist der Weg der Gnade – nur er allein! – der uns über den Abgrund bringt.

Doch bevor ich darauf zu sprechen komme, möchte ich noch auf eine Form leistungsorientierten Christseins hinweisen, die gewöhnlich als *Perfektionismus* oder *neurotischer Perfektionismus* bezeichnet wird. Letzteres ist die schlimmste Ausprägung dieser Krankheit. Nachfolgend wollen wir untersuchen, wie man sich „infiziert", wie Inkubationszeit und Verlauf dieser Krankheit aussehen und welche falschen Behandlungsmethoden angeboten werden – Lösungen, die im Grunde keine sind, sondern das Problem nur noch verstärken.

KAPITEL 6

Folgen elterlichen Fehlverhaltens

Ich denke, daß Gott das elterliche Vorbild hauptsächlich dazu gedacht hat, den Folgen des Sündenfalls entgegenzuwirken. Dies bedeutet jedoch nicht, daß man die Sünde auf diesem Wege ganz aus der Welt schaffen könnte. Selbst die besten Eltern sind dazu nicht in der Lage. Sie können den Charakter des Kindes weder moralisch neutral oder geistlich vollkommen machen, noch können sie dafür garantieren, daß das Kind sich automatisch für das Richtige entscheidet. Von Schuldgefühlen geplagte christliche Eltern sollten sich deshalb eins vor Augen führen: Adam und Eva waren die einzigen Menschen, die vollkommene Fürsorge genossen; trotzdem entschieden sie sich für das Falsche. Wir sind immer noch gefallene Sünder – sowohl von Natur als auch durch eigene Wahl – und haben Gottes rettende Gnade nötig. Auch wenn Eltern diese Gnade gegenüber ihren Kindern ausleben, lassen sich die Folgen des Sündenfalls damit nicht beseitigen, wohl aber auf größtmögliche Weise bekämpfen. Eltern geben die Agape, die Liebe und unverdiente Gnade Gottes, greifbar und verständlich an ihre Kinder weiter. Diese Liebe basiert auf den gleichen Grundsätzen, die Gott bei der Inkarnation anwandte: *Und das Wort wurde Fleisch und wohnte unter uns, und wir haben seine Herrlichkeit angeschaut, eine Herrlichkeit als des eingeborenen Sohnes vom Vater, voller Gnade und Wahrheit (Johannes 1,14). Was von Anfang an war, was wir gehört, was wir mit unseren Augen gesehen, was wir angeschaut und unsere Hände betastet haben . . . verkündigen wir auch euch . . . (1. Johannes 1,1-3).* Sie sehen, es geht hier um konkrete Sinneswahrnehmungen, um Sehen, Hören und Berühren und nicht um irgendwelche abstrakten Vorstellungen.

Eine Mutter versuchte eines Abends, ihrer kleinen Tochter Mut zu machen, als sie sie im dunklen Zimmer schlafen legte. „Hab keine Angst, mein Kleines. Du weißt ja, Gott ist ganz nahe bei dir und beschützt dich." „Ich weiß, Mama, aber ich brauche einen Gott mit Haut dran", antwortete das Kind. Da Kinder noch nicht in der Lage sind, abstrakt zu denken, muß man ihnen eine Sache konkret vor Augen führen. Als mein Enkelsohn uns darüber reden hörte, daß man Jesus ins Herz einlassen könnte, fragte er überrascht: „Aber wie kommt er denn in mein Herz? Durch meinen Bauchnabel?" Die Welt des Kleinkindes ist vorwiegend vom Gegenständlichen bestimmt. Alles wird wörtlich genommen. Das abstrakte Denk- und Vorstellungsvermögen entwickelt sich später. Für Kinder ist es deshalb wichtig, daß Worte Gestalt annehmen – zu Gesichtern und Augen werden, die lächeln, zu Füßen, die laufen, zu Händen und Armen, die streicheln und umarmen. Die stärksten Einflüsse gehen von echten zwischenmenschlichen Beziehungen aus, von Menschen, die ihnen persönlich wichtig sind.

Am besten werden Wahrheiten, Wertmaßstäbe, Vorstellungen und Lebensart durch die Eltern vermittelt, weil die Kinder dies alles aus der konkreten Beziehung zu ihnen entnehmen. Aus diesem Grund habe ich von einer „Beziehungssprache" gesprochen, einer Sprache, die die Kinder erlernt haben, bevor sie auch nur ein einziges Wort sprechen können. Gerade aus diesem Grund ist das Verhalten der Eltern so ungeheuer wichtig. Leben sie die Gnade aus, so machen die Kinder im Umgang mit ihnen ihre ersten Erfahrungen mit echter, uneigennütziger Liebe (Agape). Und diese erfahrene Liebe weckt in den Kindern gleichsam den Appetit auf die vollkommene Liebe und Gnade Gottes. Mehr als alles andere ist die elterliche Liebe dazu gedacht, uns für den Empfang der erlösenden Gnade bereit zu machen. Aber ein Garantieschein ist sie nicht, weil die Kinder es immer noch ablehnen können, sich mit Gott zu befassen und seine Gabe in Empfang zu nehmen. Rechte elterliche Liebe soll dazu den Weg bereiten.

Versagen die Eltern in dieser Beziehung, sind die Folgen verheerend. So hilfreich ausgelebte Gnade sich im Leben der Kinder auswirkt, so zerstörerisch sind die Folgen, wenn dies versäumt wird.

DER SAME DES PERFEKTIONISMUS

Lassen Sie uns nun einige wichtige biblische Wahrheiten mit solchen der Entwicklungspsychologie verbinden, damit wir besser verstehen, wie es zu manchen charakterlichen Prägungen kommt. Im Laufe unserer Untersuchung werden wir die Hauptursachen und Folgen des Perfektionismus aufdecken, der extremsten und schmerzvollsten Form von Leistungsbezogenheit.

Ursachen und Entstehungsgeschichte des Perfektionismus

**DAS EIGENTLICHE,
UNVERWECHSELBARE ICH DES MENSCHEN
(UNSER LATENTES POTENTIAL IN CHRISTUS)**

mit angeborenen Bedürfnissen, die von seiten der Eltern befriedigt werden müssen, damit die Persönlichkeit sich richtig entwickeln kann. Dazu gehören (gemäß Lukas 2,51-52) Bedürfnisse physischer, mentaler, emotioneller, sozialer und geistlicher Art sowie Nahrung, Pflege, Zucht und Ermahnung.

Versäumen es die Eltern, diese Bedürfnisse zu erfüllen, sind die Folgen

INDIREKT	DIREKT
durch Nahrungsentzug, seelische Vernachlässigung, mangelnde Geborgenheit, leistungsbedingte Annahme, fehlendes Zugehörigkeitsgefühl, mangelnde Liebe sowie fehlende Bestätigung, Zucht und Ermahnung.	durch Ablehnung, Zurücksetzung, Auslachen, Ungerechtigkeit, Zweideutigkeit, übertriebene Gesetzlichkeit, Grausamkeit, übertriebenen Zwang, Mißhandlung (verbal, seelisch körperlich) und sexuellen Mißbrauch.

EIN FALSCHES ÜBER-ICH ENTWICKELT SICH

Ein Idealbild, ein imaginäres falsches Bild von der eigenen Person wird entwickelt, um die ungestillten Bedürfnisse damit auszugleichen und doch noch zu gefallen, angenommen und geliebt zu werden und etwas Außerordentliches darzustellen. Hauptziel aller Bemühungen ist jetzt, diesem Ideal auch wirklich zu entsprechen. Alle seelischen und geistlichen Kräfte werden dabei aufgebraucht. Es ist die Suche nach Ruhm und Ehre. Allmählich wird das Gefühl, etwas Einmaliges und Besonderes zu sein, zum Überlegenheitsgefühl, und das Bedürfnis wird zum Anspruch („Ich habe ein Recht darauf").

BESONDERE KENNZEICHEN DES ÜBER-ICHS:

Vollkommenheitsstreben	Verkehrte Prioritäten	Sündenbock-Mentalität	Streben nach Selbstbestätigung

Die Tyrannei des Unerreichbaren

„Ich sollte eigentlich das (erträumte) Über-Ich sein, schaffe es aber nicht." Die Unfähigkeit, die unrealistischen, unerreichbaren (gottähnlichen) Ziele zu erreichen, führt zu Verzweiflung und Depression und zum heftigen Aufbegehren gegen Unredlichkeit und Ungerechtigkeit. Die Folgen sind

Verletzungen Demütigungen Ängste Zorn

und

Minderwertigkeitsgefühle

Selbstabwertung	Schuldübernahme	Selbstverletzung
Selbstanklagen	Buße für andere	Selbstzerstörung

Falsche perfektionistische Lösungen und mögliche Auswirkungen auf die Persönlichkeit

Machtstreben

Übermäßiges Bedürfnis nach **Selbstachtung** (*aktive Konfrontation mit Menschen*); ist auf Macht, eigene Leistung, Bewunderung, Prestige, Anerkennung und das Gefühl der Überlegenheit angewiesen.

Selbstablehnung

Übermäßiges Bedürfnis nach **Zugehörigkeit** (*Suche nach Gemeinschaft*); schwach, hilflos, übertrieben abhängig, ergeben, unterwürfig und liebevoll; hat Anerkennung nötig und fürchtet sich vor Ablehnung.

Resignation

Übermäßiges Bedürfnis nach **Kontrolle** (*Streben nach Isolation*); abgesondert, resigniert, äußerst unabhängig, hochmütig, unerschütterlich; braucht das Gefühl, unantastbar zu sein.

Auch andere falsche Wege wollen wir betrachten, auf denen Menschen ihre Probleme zu lösen versuchen.

Ich gebe gerne zu, daß ich gewissen Forschern und Schriftstellern auf dem Gebiet der Sozialpsychologie zu Dank verpflichtet bin. Ihre Einsichten kommen denen der Heiligen Schrift am nächsten, denn auch die Bibel legt besonderen Wert auf die persönlichen Beziehungen innerhalb der Familie und der Gesellschaft.

Je älter ich werde und je mehr Beratungsgespräche ich führe, desto mehr bin ich fasziniert von dem unfaßbaren Geheimnis, das die menschliche Persönlichkeit umgibt. Nur Einer *wußte, was im Menschen war*, unser Herr selbst, *weil er alle kannte und nicht nötig hatte, daß jemand Zeugnis gebe von dem Menschen (Johannes 2,24-25).* Er, der selbst die Wahrheit ist, kennt unsere Persönlichkeit wirklich. Menschen können bestenfalls Erkenntnisse über die Wahrheit anbieten. Mehr als das zu offerieren, käme einer Verkleinerung des Mysteriums und einer Herabsetzung unserer Eigenverantwortlichkeit gleich. Es würde auch die Tatsache entkräften, daß wir am Ende Rechenschaft ablegen müssen vor Gott über die Entscheidungen, die uns zu dem gemacht haben, was wir sind. Erklärungen sind gut und hilfreich, aber nie darf es dazu kommen, daß wir Dinge einfach wegerklären.

Sehen Sie sich die Skizze, die uns die Entwicklungsgeschichte eines Perfektionisten verdeutlichen soll, genau an, um sich einen Überblick zu verschaffen. Erscheint Ihnen etwas unverständlich, lassen Sie es einfach aus und lesen Sie weiter. Wir wollen die Zeichnung nämlich jetzt in einzelne Abschnitte unterteilen und uns ausführlich mit jedem Teil befassen.

Es gibt unter Christen eine Menge Verwirrung in bezug auf das Wort *Selbst*, weil wir es in unterschiedlicher Bedeutung gebrauchen können. Im negativen Sinn kann damit das gefallene, fleischliche Ego des Menschen gemeint sein, unser „Fleisch", das wir gemäß der Schrift zu kreuzigen haben.

Ich benutze das Wort hier in seiner positiven Bedeutung und meine damit den Urgrund der Persönlichkeit, das, was Sie nach Gottes willen sein sollen – ein unvergängliches, unzerstörbares Wesen, das in Gottes Augen Ewigkeitswert besitzt. Es ist Ihr unverwechselbares Selbst mit allen Talenten und Möglichkeiten, die in Ihnen angelegt sind.

Das wahre, unverwechselbare Ich des Menschen (d. h. unser latentes Potential in Christus) hat angeborene Bedürfnisse, die von seiten der Eltern befriedigt werden müssen, damit sich die Persönlichkeit richtig entwickeln kann.

Dazu gehören (gemäß Lukas 2,51-52) Bedürfnisse physischer, verstandesmäßiger, emotioneller, sozialer und geistlicher Art sowie Nahrung, Pflege, Zucht und Ermahnung.

Der Gott dieses Universums, der selbst keine Schneeflocke der anderen gleichen läßt, hat auch jeden von uns als Original erschaffen.

Unsere Persönlichkeit ist es, die uns unverwechselbar macht. Gott will das Ich, das er in uns angelegt hat, durch Erlösung und Heiligung immer mehr in das Bild Jesu umgestalten (2. Korinther 3,18). Es ist uns gegeben, damit wir jetzt und in Ewigkeit mit Gott und anderen Gemeinschaft haben sollen.

Doch unsere Persönlichkeit ist nicht urplötzlich da. Wir alle haben menschliche Eltern, von denen wir unseren Körper, unser Gehirn und gewisse Grundinformationen geerbt haben, die in unseren Genen verankert sind. Außerdem wurden wir in Familien hineingeboren, die die Umgebung und Atmosphäre bestimmten, in der wir aufwuchsen und uns entwickelten. Gott hat uns alle mit einer ganzen Reihe von Bedürfnissen erschaffen, die befriedigt werden müssen, damit wir die einzigartigen Wesen werden, die wir nach seinem Willen sein sollen. Über das Grundbedürfnis nach Nahrung und Schutz geht die Skala weiter bis zu unserem seelischen Bedürfnis nach Geborgenheit und Liebe. In Kapitel 3 haben wir diesen Aspekt unter der Überschrift „Das elterliche Vorbild im Leben Jesu" beleuchtet. Was wir am nötigsten brauchen, ist die persönliche Beziehung zu anderen Menschen, vor allem aber zu Gott. Wenn diesen Bedürfnissen recht entsprochen wird, kommt es dazu, daß sich unsere von Gott in uns hineingelegte Persönlichkeit voll entwickelt.

Lassen Sie uns einige der von Gott vorgesehenen Bedürfnisse näher in Augenschein nehmen, die es zu stillen gilt, damit Wachstum und Entwicklung nicht gestört werden. Außer Nahrung und Pflege haben Kinder persönliche Annahme, Liebe und Bestätigung nötig. Sie müssen sich geborgen und zugehörig fühlen können und brauchen Agape-Liebe, zu der feste Grenzen (Zucht) ebenso gehören wie echte Zuneigung. *Vor allem aber brauchen Kinder ein Umfeld, in dem ihnen vermittelt wird, daß man sie um ihrer selbst willen liebt und umsorgt und nicht aufgrund ihres Tuns.*

Die allerersten zwischenmenschlichen Beziehungen, die ein Kind erlebt, geben ihm entweder einen Vorgeschmack der Gnade Gottes oder vermitteln ihm das genaue Gegenteil. In dieser ersten Zeit wird entweder der gute Same unverdienter, bedingungsloser Liebe oder die tödliche Saat bedingter, leistungsabhängiger Annahme ausgestreut. Oft setzen sich in der frühen Kindheit tiefgreifende Eindrükke vom Leben fest, die langanhaltenden Einfluß auf die Persönlichkeitsentwicklung nehmen.

In manchen Elternhäusern werden diese kindlichen Bedürfnisse nicht gestillt. Am deutlichsten tritt dies dort zutage, wo Alkohol und Drogen das Leben außerordentlich schwer durchschaubar machen und Kindern nichts anderes übrig bleibt, als die Bedürfnisse ihrer Eltern zu erfüllen. Aber auch solche Elternhäuser gehören dazu, in denen körperliche, seelische und verbale Grausamkeiten an der Tagesordnung sind. Mit Sicherheit haben alle Formen sexuellen Mißbrauchs (heterosexuell und homosexuell) außerordentlich schädliche Folgen, da Sexualität und persönliche Identität sich so oft zusammen entwickeln.

Ein Student ließ mich einmal wissen, daß seine Mutter ihn von Kindesbeinen an außerordentlich grob behandelt hatte. Jedesmal, wenn sie außer sich geriet, griff sie den Jungen am Arm, zog ihn hoch, bis er auf den Füßen stand und warf ihn gegen die Wand. Einmal, als seine Schulter dadurch ausgerenkt war, mußte er dem Arzt erzählen, er sei vom Baum gefallen. Eine andere Studentin beschrieb mir zitternd, wie ihre älteren Brüder sie vergewaltigt hatten. Während einer sich an ihr verging, schauten die anderen zu und machten sich über sie lustig. Da dies gewöhnlich passierte, wenn die Eltern außer Haus waren und arbeiteten, empfand sie eine große Bitterkeit gegen sie, weil sie sie nicht vor dem sexuellen Mißbrauch und den Schlägen beschützt hatten, die die Brüder eingesetzt hatten, um sie zum Schweigen zu bringen. Am schlimmsten aber steht es um alle jene Kinder, wo solche Dinge gleichzeitig neben gemeindlichen Einsätzen der angeblich so bibeltreuen Familie laufen.

Aber es gibt auch eine Art von Vernachlässigung, die weniger offen zutage tritt. Dem Kind fehlt es unterschwellig an seelisch-geistlicher Zuwendung, weil zum Beispiel ein Elternteil rein äußerlich alles für das Kind tut, es aber innerlich ablehnt. Wie oft habe ich Äußerungen wie diese gehört: „Meine Eltern haben mir alles gegeben, was ich wollte – Spielzeug, Kleidung, Geld – aber auf Liebe und Zuneigung habe ich immer vergeblich gewartet. Ich hätte alles dafür gegeben, wenn ich gewußt hätte, daß sie mich wirklich wollten." Maßgebend für das Gefühl, unerwünscht zu sein, ist das instinktive Wissen, nicht so geliebt und gewollt zu sein, wie man ist. Dieser Mangel an echter Liebe kann den Kindern gegenüber in Form langanhaltender Vernachlässigung, Desinteresse oder mangelnder Zurechtweisung zum Ausdruck kommen. Oder das Problem kommt von einer völlig anderen Seite. Oft habe ich von Kindern aus Missionars- und Pastorenfamilien gehört, daß sie immer das Gefühl hatten, daß es gar nicht auf sie ankam oder daß ihre Eltern sich gar nicht für sie persönlich interessierten. Wichtig schien nur zu sein, daß die geistliche Stellung der Eltern durch das Verhalten der Kinder nicht beeinträchtigt wurde.

Manche Eltern bestrafen ihre Kinder durch Liebesentzug oder benutzen Schuldgefühle als Machtmittel. Eine Dame sagte in diesem Zusammenhang einmal zu mir: „Meine Mutter inszenierte meine Schuld-Trips meistens und ging dabei fast immer auf die gleiche Weise vor." Wohl die subtilste Form bedingter Liebe besteht in vermischten oder doppeldeutigen Aussagen. Einer der psychologisch tiefsinnigsten Aussprüche Jesu finden wir in Matthäus 5,37: „Es sei aber eure Rede: Ja, ja! Nein, nein!" Eltern, die ständig zur gleichen Zeit ja und nein sagen, lösen damit eine tiefe Verwirrung und einander widersprechende Gefühle in ihren Kindern aus. Wenn ein Kind zum Beispiel fragt: „Mama, darf ich rausgehen und spielen?", sollte die Mutter nicht mit einem verwirrenden: „Ja, geh schon, aber denk dran, daß ich dann hier dein Zimmer saubermache." Viel gesünder wäre es, wenn sie sagte: „Ja, aber erst machst du dein Zimmer sauber (oder erledigst deine Hausaufgaben)", oder: „Nein, heute nicht, ich brauche deine Hilfe."

Nehmen wir an, Ihr Sohn bekäme von Ihnen zu Weihnachten zwei T-Shirts geschenkt. Als er das eine von beiden trägt, sagen Sie in verletztem Ton zu ihm: „Ach so, das andere hat dir wohl nicht gefallen, was?" Oder: „Ich liebe dich, auch wenn du dumm bist (fett

– häßlich – ungeschickt – nur ein Mädchen. . .–" Solche Aussagen bringen Kinder in eine aussichtslose Position. Sie haben dann das Gefühl, daß nichts, was sie tun könnten, ihre Eltern jemals zufriedenstellen wird und daß es keine Möglichkeit gibt, ihre Anerkennung und Zuneigung zu gewinnen.

Vielen aufrichtigen Christen ist zudem nicht bewußt, wie sehr sie ihren Kindern durch Überbetonung dessen, „was man als Christ tut und was nicht" das Gefühl geben, daß sie nur akzeptiert sind, wenn sie gewisse Bedingungen erfüllen und etwas leisten. Sicherlich gehört es in die Verantwortung der Eltern, ihre Kinder mit den Geboten Gottes vertraut zu machen. Dies geschieht durch Unterweisung und beispielhaftes Verhalten. Beides gehört zusammen. Außerordentlich wichtig ist, in welchem Geist diese Unterweisung stattfindet. In Epheser 6,4 und Kolosser 3,21 warnt Paulus die Eltern, ihre Kinder nicht zu „entmutigen" oder zu „erbittern". In manchen Übersetzungen wird dies noch deutlicher umschrieben, z. B. „Reize deine Kinder nicht zum Zorn . . ., damit sie nicht den Mut verlieren." „Korrigiere sie nicht übermäßig . . ., damit sie sich nicht minderwertig fühlen und frustriert sind."

Wir haben es hier mit einem wichtigen Prinzip zu tun, das wir auf die Formel bringen können: G+G-G=G+G. *Gesetze plus Gesetzlichkeit minus Gemeinschaft gleich Groll und Gegenwehr*. Gesetze und Vorschriften und deren Durchsetzung müssen eingebunden sein in ein liebevolles, gnädiges Miteinander. Andernfalls kommt es zu Entmutigung und Ablehnung. Es ist sicher nötig und angemessen, christliche Maßstäbe und Umgangsformen durch Korrektur und Bestrafung unserer Kinder durchzusetzen. Aber es muß deutlich werden, daß wir sie wegen ihres falschen Verhaltens bestrafen und nicht, weil wir sie ablehnen. Es ist etwas anderes, ob wir sagen: „Wir haben das getan, weil wir dich so sehr lieb haben und nicht wollen, daß so etwas bei dir zur Gewohnheit wird" oder ob das Kind von uns hört: „Du bist ein ungezogener Junge" oder: „Du bist ein böses Mädchen" oder „Immer machst du so etwas!" oder „Möchtest du so werden wie . . .?" oder: „Ich weiß wirklich nicht, warum wir uns so um dich gekümmert haben!" Ersteres soll dazu dienen, falsches Verhalten abzustellen, macht aber deutlich, daß die Beziehung zum Kind noch intakt ist, obwohl es ein Gebot übertreten hat. Alle anderen Aussprüche erniedrigen und degradieren das

Kind persönlich. Es hat das Gefühl, daß den Eltern nicht nur sein Tun mißfällt, sondern daß es als Person abgelehnt wird. Das ist der Grund, weshalb gesetzlich geprägte Elternhäuser, in denen nichts von der Gnade Christi zu spüren ist, sich so verheerend auf die seelische Entwicklung auswirken können, obwohl es auf den ersten Blick so aussieht, als verhielte sich jeder richtig.

Ein Kind entscheidet sich natürlich nicht willentlich, jemand anderes zu werden. Die Entscheidung wird tief im Inneren der Persönlichkeit, im Unterbewußtsein getroffen. Könnten wir den Vorgang in Worte kleiden, würde es etwa so klingen: „Offenbar liebt und akzeptiert man mich nicht, wie ich bin. Nichts, was ich tue, scheint ihnen zu gefallen. Es ist sicher besser, ich verändere mich und werde jemand anderes. Vielleicht mögen sie mich dann und akzeptieren mich."

Langsam aber sicher entwickelt das Kind in seiner Vorstellung ein Idealbild von sich, gleichsam ein Super-Ich, das allen Erwartungen und Forderungen der Eltern gerecht wird. Beginnt diese Entwicklung in der frühen Kindheit, ignoriert das Kind bald alles, was es wirklich denkt, fühlt oder wünscht, weil alle physischen, seelischen und geistlichen Kräfte darauf verwandt werden, dem erträumten Wunschbild zu entsprechen und ja nicht unter dieses Niveau abzusinken.

Wir alle haben Angst davor, unser wahres Gesicht zu zeigen. Diese Furcht nahm ihren Anfang, als Adam und Eva sich hinter den Bäumen des Gartens vor Gott versteckten – und auch voreinander, indem sie ihre Blöße mit Feigenblättern bedeckten (1. Mose 3,7-8). Diese angeborene Angst, uns selbst zu offenbaren, kann mit dem dringlichen Wunsch gekoppelt sein, ein falsches Ich zu entwickeln. Sünde läßt sich in großem Umfang auf verletzte Gefühle zurückführen, die wir durch eine unangemessene Behandlung in der Kindheit erfahren haben. Diese Vermutung liegt nahe, weil so viele sich in dem brennenden Eifer verzehren, einem falschen Bild von sich nachzujagen. Ständig werden sie von der Frage umgetrieben, wie und auf welchem Wege sie zu Ehren gelangen können.

In diesem Prozeß verformt sich das gottgegebene Gefühl von Einmaligkeit zunächst in die Idee, etwas Besonderes zu sein. Daraus entsteht dann das Überlegenheitsgefühl und schließlich – bei voller Entwicklung des Über-Ichs – das Anspruchsdenken („Ich habe ein

Recht darauf"). Bedürfnisse haben sich Gott und den Mitmenschen gegenüber in Ansprüche verwandelt: „Weil ich so etwas Besonderes bin, habe ich auch ein Recht auf besondere Behandlung . . ." Wird diese Sonderbehandlung nicht gewährt, nehmen solche Menschen es übel. Es kommt dann auch leicht zu Groll gegenüber Gott.

Bei allem wird die eigentliche Persönlichkeit entweder ignoriert oder abgelehnt und hat somit keine Möglichkeit zur Entwicklung. Deshalb sagen solche Menschen später oft: „Ich weiß wirklich nicht, wer ich bin – und habe Angst, der Wahrheit ins Auge zu sehen." Sie fühlen sich innerlich leer und hohl. Ein tiefes Gefühl der Einsamkeit hält sie umfangen, und nichts scheint es zu geben, was die Leere ausfüllen könnte. Jeder Versuch in Richtung Eigenidentität wird sofort vom Über-Ich blockiert. Oft ist das unwirkliche, falsche Ich ein Mittel zum seelischen Überleben, weil der mentale Schmerz der Zurückweisung anders nicht zu ertragen war. Doch Selbstentfremdung ist ein schrecklicher Preis, der tragische Verlust einer Persönlichkeit, die Gott *vor Grundlegung der Welt (Epheser 1,4, 11)* so geplant hatte.

Aus diesem Grund vergleichen so viele Christen sich ständig mit anderen und meinen, es nicht mit ihnen aufnehmen zu können. Anstatt der ihnen von Gott zugedachten Persönlichkeit zu erlauben, *in allem zu ihm hinzuwachsen, der das Haupt ist (Epheser 4,15)*, versuchen sie weiter, Superchristen zu sein, die *unbedingt besser* sein müssen als die anderen. Das Traurige ist jedoch, daß sie immer jemand finden, der noch besser ist, und so geht die Jagd nach Überlegenheit weiter und weiter.

Eines Tages muß dieses verfälschte Ich sterben, damit das wahre Ich leben und sich entwickeln kann. In diesem Sinn muß es zu einer geistlichen Wiedergeburt, zu Tod und Auferstehung kommen.

Lassen Sie uns jetzt die vier Hauptkennzeichen des Über-Ichs betrachten.

* Die Sucht nach Perfektion. Das Über-Ich stellt eine Super-Persönlichkeit dar, die alles perfekt erledigen muß oder wenigstens dazu in der Lage sein *sollte*. Das Gefühl könnte man so beschreiben: „Wenn ich so handle und bin, wie *sie* es wollen, werden *sie* mich akzeptieren, lieben und mich zu würdigen wissen." Das Tragische dabei ist, daß *sie selbst* oft die Unzufriedenen sind und nicht wissen, was sie wirklich wollen. Das Über-Ich macht auf der Suche nach

Anerkennung ständig größere Anstrengungen, bis die Leistungstretmühle schließlich voll in Aktion ist. „Wenn doch nur" heißt die Parole all dieser vergeblichen Versuche, hinter denen sich – oft jahrelang verborgen – ein tief verzweifelter Mensch verbirgt.

Auch Margaret – eine Frau in den Dreißigern – war es so ergangen. Trotz ihrer Hingabe an Christus und einem beständigen Glaubensleben wurde ihr Ehe- und Familienleben durch ihre abwechselnd auftretenden Zornausbrüche und depressiven Verstimmungen schwer beeinträchtigt. Wir fanden bald heraus, daß sie die perfektionistische Haltung ihrer Mutter mit dem Wesen Gottes in Zusammenhang gebracht hatte, so daß die Stimme ihrer Mutter gleichsam zur Stimme ihres Gewissens geworden war. Jetzt war sie ihr eigener strenger Zuchtmeister und forderte Perfektion, wie andere es vorher von ihr verlangt hatten. Schmerz, Zorn und Schuldgefühle hielten die Tretmühle in Gang. Margaret mußte sich die erlittenen seelischen Verletzungen eingestehen und dann denen vergeben, die sie verletzt hatten.

Während wir eines Tages um Heilung einiger schmerzlicher Erinnerungen beteten, kam ihr eine Szene ins Gedächtnis, von der sie mir noch nicht erzählt hatte. Sie hatte den Vorfall bewußt ignorieren wollen, aber während wir beteten, gab Gott ihr den Mut, dem Schmerz ins Auge zu sehen. Sie war noch ein junges Mädchen gewesen und hatte damals für ihr erstes öffentliches Vorspiel geübt. Da sie das Stück perfekt vortragen wollte, übte sie so lange, bis sie es auswendig konnte. Der öffentliche Vortrag war ausgezeichnet, so daß ihr Klavierlehrer ihr beim Heruntersteigen vom Podium zuflüsterte: „Prima, Margaret, du hast wunderbar gespielt!" Als sie wieder neben ihrer Mutter Platz nahm, war zunächst nichts als Schweigen. Dann hörte sie ihre Mutter flüstern: „Die ganze Zeit hindurch hat dein Schlüpfer vorgeguckt." Schluchzend brachte Margaret diese Sache und noch viele andere Verletzungen vor den Herrn. Das Schönste war, daß sie Gnade empfing zum Vergeben und der Herr ihr auch die Abneigung vergab, die sie so viele Jahre in sich geduldet hatte. Diese Krise leitete den Umwandlungsprozeß ein, der ihr Leben vom Gesetz befreite und sie fähig machte, die Gnade Gottes wirklich auszuleben.

* Das Bedürfnis nach einem Sündenbock. Nicht einmal das Über-

Ich ist vollkommen. Wenn wir uns selbst unbedingt perfekt sehen müssen, gibt es nur eine Lösung – wir müssen jemand haben, dem wir die Schuld zuschieben können. Wir „könnten, sollten, wollten... *wenn nur."* Wenn Mutter das nur nicht getan hätte ... Wenn Vater das doch getan hätte ... Wenn mein Bruder/meine Schwester doch nur anders wären ... Wenn doch der Lehrer dies oder das getan oder nicht getan hätte ... Wenn doch unser Prediger/unsere Gemeinde ... Wenn Gott doch nur ... Wenn mein Mann/meine Frau/meine Kinder doch nur ... Die Liste könnte endlos fortgesetzt werden.

Der einzige Weg, auf dem das Über-Ich den Mythos der Überlegenheit aufrechterhalten kann, ist die Schuldübertragung auf andere Menschen oder bestimmte Faktoren. Selbst Menschen, bei denen man den Eindruck hat, daß sie sich selbst an allem die Schuld geben, denken in Wahrheit, daß der eigentliche Fehler bei denen liegt, die sie zu dem gemacht haben, was sie sind.

Dies ist einer der Hauptgründe, weshalb man mit leistungsorientierten Perfektionisten so schlecht zusammenleben kann. Was auch geschieht, immer muß die Schuld irgendwo gesucht werden. Dieser innere Zwang wirkt sich zerstörerisch auf die Beziehung zu anderen Menschen aus.

* Das heftige Verlangen nach Selbstbestätigung. Bis jetzt habe ich noch keinen Perfektionisten getroffen, bei dem nicht eine tiefsitzende Wut vorhanden war. Sobald man an diese Wut rührt, kommt sie blitzschnell emporgeschossen. Nur die Gnade Gottes kann hier Abhilfe schaffen und die Ursachen offenbaren. Solange dies nicht geschieht, bleibt das zornige, rachsüchtige Über-Ich in Funktion und muß sein Können unter Beweis stellen. Vergebung ist außerordentlich wichtig, wenn diese Krankheit geheilt werden soll. Vergebung, die Gott uns für uns selbst und andere schenkt, bringt alle Abneigung zum Verschwinden und befreit uns von dem ständigen Bedürfnis, uns mit Hilfe unserer Leistung akzeptabel und beliebt zu machen.

* Die Verschiebung der Werte und Maßstäbe. Das Über-Ich muß seine Überlegenheit unter Beweis stellen und sucht hartnäckig nach entsprechenden Gelegenheiten. Die verdrehten Wertmaßstäbe unserer sündenbeladenen Kultur sind mitverantwortlich für diesen Leistungsdruck. Dinge wie Sport, akademische Laufbahn, Körperform,

Schönheit, sexuelle Anziehungskraft, Spaß, Erfolg (einschließlich aller falschen Vorstellungen von geistlichem „Erfolg"), Geld, Besitz, Kleidung, Autos usw. werden in so erschreckender Weise überbewertet, daß jedes Gebiet leicht zum falschen Mittelpunkt des Über-Ichs werden kann.

Das Über-Ich kann diese Liste jedoch auch verwerfen und sich überlegen fühlen, weil es nichts dergleichen sucht. Es kann sich außerordentlich bemühen, nichts zustande zu bringen, und verlegt sich auf das Geheimnisvolle, Ungewöhnliche – auf das Anderssein.

Ich habe aufgehört, mich über falsche Wertbeimessungen oder irgendeine fehlgeleitete, unangebrachte oder verdrehte Priorität zu wundern, mit denen Menschen zu zeigen versuchen, daß sie anders sind und etwas Besonderes und Außerordentliches darstellen. Wenn wir uns weigern, unser wahres Ich in seiner gottgewollten Einmaligkeit zu akzeptieren und zu entwickeln, haben wir die Folgen unserer oft haarsträubenden Ich-Manipulation zu tragen. Manche Perfektionisten halten mit unglaublicher Zähigkeit und Ausdauer an Plätzen fest, wo sie das Gefühl haben, von der Masse abzustechen und ihr überlegen zu sein. „Wenn ich das aufgäbe, wäre ich doch jemand ganz Gewöhnliches – so wie alle anderen", höre ich sie oft sagen. Worauf sie von mir oft die Antwort bekommen: „Willkommen! Schließen Sie sich der menschlichen Rasse an!"

In dem Versuch, etwas Besonderes darzustellen, wird das Über-Ich außerordentlich stark von dem Gefühl motiviert, eigentlich jemand sein zu müssen, der man noch nicht ist. Dies ist so, weil wir ständig unerreichbare Ziele und Wertmaßstäbe vor uns aufbauen. Sobald wir jedoch in ihre Nähe kommen, stecken wir sie seltsamerweise noch höher. Stellen Sie sich einen Leichtathleten im Hochsprung vor. Jedesmal, wenn die Stange höhergestellt wird, überwindet er sie. Am Schluß springt er höher als alle anderen und wird Erster. Anstatt sich aber nun auf den Gewinnersockel zu stellen und die Goldmedaille in Empfang zu nehmen, stellt er die Stange noch höher. Einige Male versucht er hinüberzuspringen, schafft es aber bei keinem Versuch. Schließlich geht er enttäuscht davon, als hätte er den Wettkampf verloren. Viele Perfektionisten verhalten sich so. Das Gefühl, versagt zu haben, ist frustrierend. Ärger gegen Menschen und oft genug auch gegen Gott macht sich breit. Solange sie an die Tretmühle der Superleistung gekettet sind, wird dieser Ärger nicht aufhören, denn sie haben ständig das Gefühl, vom Leben und von Gott ungerecht behandelt zu werden. Die Folge sind eine ganze Reihe von negativen Emotionen.

Die erlittenen Verletzungen und Demütigungen, die Perfektionisten zu schaffen machen, geben ihren Ängsten und ihrer Wut immer neuen Nährstoff. Dabei ist die Wut durchaus nicht immer nach außen gerichtet, denn das Leben von Perfektionisten ist durch eine einzigartige Kombination von Stolz und Minderwertigkeitsgefühl gekennzeichnet. Sie leiden ständig an einer Abwertung ihrer selbst, die aus angstbeladenem Stolz kommt. Sie fürchten, andere könnten die schreckliche Kluft zwischen ihrer wahren Persönlichkeit und dem Ich ihrer Phantasie entdecken und sich dann von ihnen abwenden. So wenden sie eine besondere Taktik an. Sie lehnen sich selbst ab, indem sie sich klein machen, bevor irgend ein anderer es tun kann. Auf diese Weise bleibt der falsche Stolz ihres Über-Ichs erhalten.

Wir begegnen dieser stolzen Selbstablehnung Tag für Tag bei perfektionistischen Christen, die Komplimente niemals annehmen können, ohne ihre Fertigkeiten zuvor herabzusetzen. Sie müssen beeindrucken mit ihrer Demut und dürfen sich nie mit ihrem Stolz erwischen lassen!

Aus unserer Skizze geht hervor, daß das schwach entwickelte Selbstwertgefühl – von links nach rechts gelesen – ständig Steigerungen erfährt. Angefangen von der noch halbwegs normalen Selbstabwertung bis zur Schuldübernahme in der Mitte, die A.W. Tozer als „Buße immerwährenden Bedauerns" bezeichnet hat. Rechts sind dann krankhafte Erscheinungsformen erwähnt, bei denen Menschen sich selbst Schmerzen oder Verletzungen zufügen, indem sie sich beispielsweise ins eigene Fleisch stechen oder schneiden oder sich die Haare ausraufen.

Die Selbstablehnung nimmt auch dann pathologische Formen an, wenn Menschen sich allmählich durch Alkohol, Drogen, exzessives Rauchen oder gravierende Essensstörungen, wie Anorexie oder Bulimie, zugrunde richten. Am Ende steht dann der Selbstmord als rapide Form der Selbstvernichtung. In jedem anerkannten Buch über den Selbstmord junger Menschen ergeht eine ernste Warnung an alle diejenigen Erwachsenen, die meinen, das Leben sei ohne Perfektion nicht zu ertragen. Wir alle sind den tragischen Folgen dieser

Art von Selbsthaß schon begegnet, selbst bei Menschen, die sich aufrichtig bemühen, gute Christen zu sein.

Lassen Sie uns abschließend die falschen Wege in Karen Horneys Skizze noch einmal beleuchten, auf denen Perfektionisten versuchen, der Leistungsfalle zu entrinnen, und werfen wir einen Blick auf die Persönlichkeitsstrukturen, die sich daraus entwickeln können. Dabei ist zu beachten, daß wir es mit umfassenden Verhaltensmustern zu tun haben, die dazu dienen sollen, das Leben zu meistern und Beziehungen zu anderen Menschen herzustellen. Obwohl jedes Verhaltensmuster anders erscheint, liegt ihm doch immer das Leistungsprinzip zugrunde. Man lebt mehr „unter dem Gesetz" als „aus der Gnade". Doch gibt es hier keine scharfen Abgrenzungen. Manche Menschen vereinigen verschiedene Persönlichkeitsmerkmale in sich. Gewöhnlich ist es aber so, daß ein Wesenszug überwiegt. In jedem Fall handelt es sich um übertriebene und irrtümliche Versuche, die unerfüllten Bedürfnisse des wahren Ichs zu stillen.

* Herrschsucht kennzeichnet Menschen, die durch überragende Leistungen auf irgendeinem Gebiet versuchen, ihr ausgeprägtes Bedürfnis nach Anerkennung und Bewunderung zu befriedigen. Sie müssen nicht nur gut, sondern unbedingt die besten sein. Dies gibt ihnen das Gefühl von Macht und Vorherrschaft. Es mag durchaus sein, daß sie auf ihrem Gebiet Überdurchschnittliches leisten, doch dann neigen sie dazu, auf andere herabzusehen. Ihre besondere Versuchung besteht in der Umkehrung christlicher Werte. Sie neigen dazu, Menschen für ihre Zwecke auszunutzen und sich materiellen Dingen zu verschreiben. Ihr Wesen ist von Härte, Schlauheit, aggressiver Ehrsucht, Unempfindlichkeit gegenüber den Gefühlen anderer, ausgeprägtem Geschäftssinn und Ausstechen von Konkurrenten gekennzeichnet. Sie bringen damit gleichsam zum Ausdruck: „Wenn ich stark bin und Menschen beherrsche, können sie mich nicht verletzen." Für solche seelisch verletzten Menschen ist es außerordentlich schwer, Liebe und Gnade für sich zu akzeptieren und die Maske des falschen superstarken Ichs abzunehmen.

* Selbstablehnung verbirgt sich dahinter, wenn Menschen andere unter allen Umständen zufriedenstellen wollen. Aus ihrem Bedürfnis nach Anerkennung heraus, ordnen sie sich meistens unter, geben nach und erlauben anderen, für sich zu entscheiden. Immerwähren-

de Liebenswürdigkeit scheint für sie die Lösung ihrer Probleme zu sein. Sie übertreiben in dieser Richtung und sind bemüht, niemals Wellen zu schlagen. Frieden um jeden Preis heißt ihre Parole. Selten äußern sie eine Meinung oder stellen sich schwierigen Menschen oder Situationen, weil sie das Gefühl haben, absolut nichts beitragen zu können. Bei vielen Christen läßt sich diese Haltung beobachten. Sie machen aus ihrer extremen Weichheit eine christliche Tugend, indem sie sie fälschlicherweise als Liebe Christi deklarieren. Dies ist vielleicht die größte Verfälschung echter Liebe, die äußerst zäh und konfrontativ sein kann. Personen, die sich selbst ständig in den Hintergrund stellen, signalisieren durch ihr Verhalten: „Alles tue ich für dich, wenn du mich nur lieb hast. Denn wenn du mich liebst, wirst du mich nicht verletzen."

Solche Personen gehen oft Verbindungen mit ihrem genauen charakterlichen Gegenteil ein, was zu traurigen, beziehungstötenden Ergebnissen führt, weil sich ihre gegenseitigen Probleme dadurch verstärken. Zu allem Übel werden solche zerstörerischen und neurotischen Beziehungen wegen falscher Interpretation von Epheser 5,21-24 von manchen Predigern und Seminarleitern noch abgesegnet und gutgeheißen, als hätte Gott sich das eheliche Zusammenleben so gedacht. Für solche Christen ist es oft schwer, die erlösende Gnade anzunehmen, weil sie Angst- und Schuldgefühle haben und nicht mit der Freiheit umgehen können, die ihnen die Gnade Gottes schenkt.

* Resignation und Absonderung ist kennzeichnend für Menschen, die allein sein wollen. Sie haben das Empfinden, daß niemand sie verletzen kann, wenn sie unbeteiligt bleiben. Sie gehen auf Distanz zu ihren Mitmenschen und müssen sich unbedingt den Anschein totaler Unabhängigkeit geben. Da sie sehr viel emotionellen Abstand brauchen, wird ihnen das Intimleben in der Ehe oft schwer, wenn nicht geradezu unerträglich. Menschen, die Probleme mit der Selbstannahme haben und nach persönlicher Nähe und Zuneigung hungern, neigen oft dazu, einen Partner dieses Typs zu heiraten, weil er einen so starken und ruhigen Eindruck macht. Das kann dann zu einer Ehe führen, in der die Partner sich gegenseitig in immer größere Extreme hineintreiben, anstatt sich an ihren jeweiligen Schwachpunkten zu ergänzen. Viel Gnade ist nötig, um eine solche Ehe zu retten – selbst wenn beide Partner Christen sind.

In diesem Kapitel haben wir Ursprung und Entwicklung des leistungsbezogenen Perfektionismus betrachtet, wie er uns in seiner stärker ausgeprägten Form auch unter Christen begegnen kann. Wir haben auch gesehen, daß jeder Versuch, sich durch eigene Anstrengung aus dem Dilemma zu befreien, nur noch tiefer in dieses hineinführt. Deshalb wollen wir uns jetzt der einzigen Lösung und der einzigen Hoffnung zuwenden, die es in allen diesen Fällen gibt: der erlösenden Gnade Gottes.

KAPITEL 7

Die gute Nachricht

Einige Kapitel hindurch haben wir Negatives erörtert und über den moralischen Abgrund zwischen Gott und Mensch gesprochen, den wir aus eigener Kraft niemals überbrücken können. Jetzt wollen wir uns der guten Nachricht zuwenden, die Gott für uns hat. Dazu ein Beispiel zur Einleitung, das Sie vielleicht schon einmal gehört haben:

Ein Farmer, der einige Jahre hindurch eine schlechte Ernte erlebt hatte, besuchte den Manager seiner Bank.

„Ich habe eine gute und eine schlechte Nachricht für Sie", sagte er. „Welche wollen Sie zuerst hören?"

„Warum nicht zuerst die schlechte Nachricht?" erwiderte der Bankier. „Dann haben Sie es hinter sich."

„Okay. Aufgrund der großen Trockenheit, der Inflation und allem bin ich dieses Jahr nicht in der Lage, die von mir aufgenommene Hypothek abzutragen – und zwar weder den effektiven Betrag noch die Zinsen.

„Das ist aber sehr betrüblich."

„Es kommt noch schlimmer. Ich kann auch von dem aufgenommenen Darlehen für die gekauften Maschinen nichts zurückzahlen."

„Oh, das ist aber schlecht."

„Furchtbar ist es. Sie wissen ja, daß ich auch Geld aufgenommen habe, um Saatgut, Dünger und andere Dinge zu kaufen. Ich kann auch von dieser Summe, zuzüglich Zinsen, nichts zurückzahlen."

„Sie haben recht, schlimmer kann es ja kaum noch kommen. Doch sprachen Sie nicht auch von einer guten Nachricht?"

Lächelnd antwortete daraufhin der Farmer: „Ja, die gute Nachricht ist die, daß ich auch weiterhin daran denke, mit Ihrer Bank zusammenzuarbeiten."

Wenn wir den Satzgegenstand verändern, erkennen wir hinter dieser Geschichte eine tiefe Wahrheit. Die gute Nachricht des Evangeliums besagt, daß Gott trotz unseres totalen Bankrotts weiter mit uns zusammenarbeitet. Angesichts unserer hoffnungslosen Lage hat Gott einen Weg zur Überbrückung der Kluft gefunden, damit die Beziehung zu ihm wiederhergestellt und unsere geschädigte Persönlichkeit heil wird.

Triumphierend ruft Paulus aus: *Wo die Sünde mächtig geworden ist, ist die Gnade noch mächtiger geworden.* Im griechischen Urtext benutzt Paulus im zweiten Teil dieses Satzes die Vorsilbe *huper*, so daß es in wörtlicher Übersetzung heißen müßte: „Wo die Sünde mächtig geworden ist, ist die Gnade *über*mächtig geworden." In der englischen Phillipsbibel wird hier das Bild der moralischen Kluft gebraucht, um zu beschreiben, daß das ehemals Unmögliche nun auf herrliche Weise möglich geworden ist.

Paulus ist der große Apostel der Gnade. Von den 155 Versen, die sich im Neuen Testament auf die Gnade Gottes beziehen, stammen 133 von ihm. Anfang und Schluß sowie auch der eigentliche Inhalt seiner Sendschreiben handeln von der Gnade. Das englische Wort *grace* („Gnade") kommt vom lateinischen *gratia.* Dieser Begriff wiederum war eine Übersetzung des griechischen Wortes *charis*, das in der Bedeutung von Wohlwollen, Güte, Begünstigung oder Freundlichkeit gebraucht wurde. Auch umschrieb dieses Wort die dankbare Reaktion eines Menschen auf eine ihm erwiesene Gunst.

Paulus gebraucht das Wort *charis* im Zusammenhang mit der frohen Botschaft des Evangeliums und meint damit die umsonst gewährte Gnade Gottes. Es ist für Paulus ein sehr bedeutungsreiches Wort, das er besonders dann benutzt, wenn er beschreiben will, was Gott in und durch Jesus Christus für uns getan hat. Man könnte die Gnade als Gottes tatkräftige Liebe umschreiben, die uns Vergebung schenkt, uns annimmt und begünstigt. Gott schenkt uns das alles, weil er uns liebt und nicht, weil wir es wert sind oder seine Liebe verdient haben. Gnade ist umsonst gewährte, unverdiente Gunst und für uns Christen in erster Linie die Erlösungstat Gottes in Jesus Christus. Dabei haben wir es nicht mit etwas zu tun, was vor langer Zeit einmal geschehen ist. Die Erlösung wirkt sich auch in der Gegenwart und bis in alle Ewigkeit aus. Es kann und wird nie eine andere Grundlage für unsere Beziehung zu Gott geben als die Gnade. *Denn aus Gnade seid ihr errettet durch Glauben, und das nicht aus euch, Gottes Gabe ist es (Epheser 2,8).* Diese Worte gelten dem gemeinsten und entartetsten Sünder ebenso wie dem reifsten und strahlendsten Heiligen. Diese Gnade wird niemals durch irgend etwas anderes ersetzt werden.

DAS WESEN DER GNADE

Wenn es sich bei der Gnade um ein freies, unverdientes Geschenk handelt, müssen wir uns über einige wichtigen Punkte völlig im klaren sein.

* Gnade kann man sich nicht verdienen. Sie ist unabhängig von Würdigkeit oder Unwürdigkeit, Wert oder Unwert. Wenn die Bibel von der freien Gnade spricht, dann bedeutet das: Gott schenkt uns seine Liebe und Barmherzigkeit, obwohl wir Sünder sind, d. h. ohne jede Einschränkung. Schon die bloße Frage nach Würdigkeit und Verdienst macht den Gedanken der Gnade zunichte.

Jesus hat das Wort Gnade nicht ein einziges Mal benutzt, und von den Verfassern der Evangelien wird es nur von Johannes im Zusammenhang mit Jesus gebraucht (Johannes 1,14,16,17). Doch Worte erübrigen sich oft – wie bei Jesus. Sein ganzes Leben war ein offener Hinweis auf die Tatsache, daß er die Gabe der Errettung allen anbot, ohne auf ihre Würdigkeit zu achten. Er war gleichsam die Verkörperung seiner eigenen Worte: *Ich bin nicht gekommen, Gerechte zu rufen, sondern Sünder (Matthäus 9,13; Markus 2,17; Lukas 5,32).* Tag für Tag war er die Gnade in Person. Ohne den geringsten Vorbehalt bot er *allen* Menschen Liebe, Barmherzigkeit und Rettung an. Das war es, was die „Gerechten" schon immer gegen Jesus aufgebracht hat – zu seiner Zeit war es so, und bis heute hat sich nichts daran geändert.

Im zweiten Jahrhundert n. Chr. sagte ein Kritiker des Christentums namens Celsus bezüglich der Vorstellung, Gott liebe die Sünder, d. h. die Bösen: „Es ist eine Sache, von der man noch in keiner anderen Religion gehört hat." Wie recht hat er damit! Denn darum geht es ja bei der Gnade. Andere Religionen bieten gute Gedanken und gute Ratschläge an – „Sei ein guter Mensch, bring dein Leben in Ordnung, reinige dein Tun, laß Wort und Tat übereinstimmen, lebe ein gutes Leben, dann kannst du bestimmt zu Gott kommen. Du wirst ihm gefallen, und er wird dich lieben." Nur die Worte Christi sind eine wirklich gute Botschaft, nämlich die unglaubliche Botschaft der Gnade, von der A.W. Tozer sagt: „Gnade ist das Wohlwollen Gottes, das ihn bewegt, den Unwürdigen zu begünstigen."

Zur Zeit der Napoleonische Feldzüge passierte es einmal, daß ein junger kriegsmüder französischer Soldat vom Schlaf übermannt wurde, als er Wache halten sollte. Er wurde vor Gericht gestellt, für schuldig befunden und zum Tode verurteilt. Seiner verwitweten Mutter gelang es, eine persönliche Audienz beim Kaiser zu erwirken. Sie fiel vor ihm nieder und bat inständig darum, ihren einzigen Sohn und Ernährer der Familie zu begnadigen. Napoleon war ihrer Bitten schließlich überdrüssig und sagte in kaltem Ton: „Madame, Ihr Sohn verdient keine Gnade. Er verdient den Tod." Worauf die Mutter sofort entgegnete: „Natürlich, mein Herr, Sie haben recht. Deshalb bitte ich Sie ja auch um Gnade für ihn. Hätte er ein Recht darauf, würde ich Sie nicht darum gebeten haben." Napoleon war von dem logischen Argument der Frau so beeindruckt, daß er dem Soldaten die Freiheit gab.

Hätten wir Gottes Wohlwollen verdient, wäre es keine Gnade mehr. Denn Gnade ist immer unverdientes, freies Geschenk, das von unserer Sünde, unserer Schuld und unserer Unwürdigkeit völlig unberührt bleibt. Viele betreten den Weg der unverdienten Gnade mit den Worten: „Natürlich nimmt Gott mich an, wie ich bin. Ich kenne meine völlige Unwürdigkeit und weiß, daß ich ihm außer meinen Sünden und Verfehlungen nichts zu bringen habe. Doch von jetzt an erwartet er sicherlich gewisse Leistungen von mir." Allmählich – wie bei den Galatern – entwickelt sich bei vielen, die zunächst aus der Gnade lebten, der Trugschluß, sie müßten bestimmte Leistungen vorweisen, um Gottes Gnade nicht wieder zu verlieren. Unterschwellig nehmen wir an, daß wir uns Gottes Anerkennung auch jetzt noch verdienen müßten, und versuchen, mit aller Kraft über die Kluft zu gelangen. Nicht durch gute Taten, harte Arbeit oder Spenden für karitative Zwecke, wie es vor unserer Bekehrung der Fall war. Nein, diese Zeiten liegen hinter uns. Jetzt bedienen wir uns anderer, „christlicher" Mittel, wie Beten, Bibellesen, Zeugnisgeben und Gottesdienstbesuche, um unser frommes Leistungssoll zu erfüllen. Wir versuchen, die Gnadenbasis in eine Leistungsbasis zu verwandeln. Doch die Gnadenbasis läßt sich durch nichts ersetzen. Wer es trotzdem versucht, wie so viele Christen, gerät unweigerlich in seelische und geistliche Konflikte.

Im Laufe meiner vielen Dienstjahre als Pastor und Seelsorger an Menschen der verschiedensten Rassen und Kulturkreise bin ich zu der festen Überzeugung gekommen, daß nichts uns Menschen so schwerfällt wie die Einsicht, daß wir unfähig sind, uns selbst zu erlösen. Wir hören auf zu sündigen, opfern dem Herrn unsere ehrgeizigen Pläne, Geld, Ruf, Namen und Bequemlichkeit. Das alles sind wir bereit zu geben. Doch das Schwerste, was uns am meisten kostet, opfern wir erst ganz am Schluß, und das ist der Glaube, daß es doch etwas gibt, was wir tun können, um uns die rechte Gemeinschaft mit Gott zu verdienen.

Bevor uns nicht wirklich bewußt geworden ist, daß wir absolut nichts zu unserer Erlösung beitragen können, werden wir die biblische Bedeutung des Wortes Gnade nicht an uns selbst erfahren. Der Schreiber des Hebräerbriefes macht deutlich, daß es ohne Glauben unmöglich ist, Gott zu gefallen (Hebräer 11,6). Wir machen Gott keine Freude, wenn wir versuchen, durch eigene Leistung zu ersetzen, was allein seiner Gnade vorbehalten ist. Gott erlaubt uns nicht, daß wir die von ihm festgelegten Bedingungen für die Gemeinschaft mit ihm selbst verändern. *Denn aus Gnade seid ihr errettet durch Glauben, und das nicht aus euch, Gottes Gabe ist es; nicht aus Werken, damit niemand sich rühme (Epheser 2,8-9).* Letzteres bedeutet, daß Gott seine Ehre mit niemand teilt und uns nicht erlaubt, uns selbst irgend etwas zu unserer Rettung zuzuschreiben. Gnade ist ein freies Geschenk. Sobald wir dafür bezahlen wollen, hört es auf, Gnade zu sein.

* Gnade läßt sich nicht zurückzahlen. Manche versuchen, Gottes Gnadengabe gleichsam in eine Schuldschein-Errettung umzuwandeln. Dabei will man sich auch die Annahme Gottes verdienen, bezieht sich aber mehr auf die Zukunft. „Herr, wenn du mir vergibst und mich errettest, dann verspreche ich, es dir eines Tages zurückzuzahlen."

Einige Menschen versuchen die Rückzahlung mittels Selbstverwerfung, indem sie sich früher begangene Sünden oder Verfehlungen nicht vergeben oder sich gewisse legitime Freuden des Lebens nicht zugestehen, wie zum Beispiel Sex in der Ehe oder einen unbeschwerten Urlaub.

Andere meinen, sie könnten Gott die Errettung durch Selbstaufgabe zurückzahlen. Dazu gehören verschiedene Formen der Askese, wie der ständige Verzicht auf gewisse Dinge oder das ständige Wegschenken von diesem oder jenem. Manche belasten sich auch mit zusätzlichen Aufgaben, um sich selbst zu bestrafen. Ich erinnere mich an Rodney, einen jungen Studenten, der sehr bemüht war, aus der Gnade zu leben. Theoretisch wußte er bestens Bescheid, verlor die Gnade im täglichen Leben aber ständig aus den Augen. Jedesmal, wenn er mich besuchte, wurde die Liste seiner Aktivitäten und der Dinge, die er für den Herrn aufgegeben hatte, länger. Eines Tages kam er bei mir an, setzte sich mit einem Seufzer der Erleichterung hin und sagte: „Endlich habe ich es geschafft und an Gott abgegeben!" „Was meinst du damit, Rod?" fragte ich. „Ich habe endlich meine gesamte Stereoanlage auf den Müll geworfen."

Ich muß gestehen, daß mich das damals ein wenig von meinem Beratungsgespräch ablenkte. Wir waren gerade vom Missionsfeld gekommen und konnten uns noch keine Stereoanlage leisten. Meine heranwachsenden Kinder gaben ihr aber auf unserer Liste amerikanischer „Notwendigkeiten" einen hohen Stellenwert. Nachdem sich der junge Mann verabschiedet hatte, eilte ich unverzüglich an die Stelle, wo der College-Müll gesammelt wurde – doch leider vergeblich. Jemand hatte bereits Rods teure Stereoanlage an sich genommen. Als ich den jungen Mann das nächste Mal traf, hatte er seine Verzichtsliste noch um einiges erweitert.

Manche versuchen die Rückzahlung an Gott in Form verschiedener Dienste. Missionare haben mich zur Beratung aufgesucht, die traurig zugaben, daß das eigentliche Motiv ihres aufopferungsvollen Dienstes die Rückzahlung war. Bei ihren Berichten lag die Betonung auf dem, was sie aufgegeben hatten, um dem Herrn zu dienen. Doch kein Opfer hatte ihrem Leben Freude und Erfüllung gegeben; eher war da ein gewisser Zorn gegen Gott, der ihnen zu schaffen machte. Sie hatten sich nach besten Kräften bemüht, sich bei Gott für alles zu revanchieren, doch dieser machte einfach nicht mit. Kein Gefühl von Belohnung wollte sich einstellen.

Dann gibt es noch den direkteren Weg der Übergenauigkeit, wobei Leute bemüht sind, überaus gewissenhaft, peinlich genau und unerbittlich auf die Gesetze zu achten, und zwar gleichgültig, ob es sich um göttliche, menschliche, soziale oder kulturelle Gesetze handelt. Als Sam Shoemaker diese Neigung mancher Christen erkannte, prägte er den weisen Ausspruch: „Die Bekehrten eines Jahrzehnts können leicht die Pharisäer des nächsten werden."

„Aber", wenden Sie vielleicht ein, „erwartet Gott nicht von uns, daß wir seine Gebote und die Aussagen der Schrift befolgen? Möchte er nicht, daß wir ihm seine Güte in Form von Diensten und Opfern vergelten?" Die Antwort auf alle diese Fragen ist ein klares und bestimmtes „Ja." Hier geht es um die alte Frage, wie man den Wagen vor das Pferd bekommt. Gewiß erwartet Gott von uns, daß wir auf das Geschenk der Gnade mit Gehorsam, Dienstwilligkeit und Opferbereitschaft antworten. Er will aber auf keinen Fall, daß wir versuchen, uns damit Gottes Gnade und Zustimmung zu verdienen oder unser Soll durch unsere Taten abzutragen. Weil Gott uns liebt und annimmt, wie wir sind, und er uns als begnadete Sünder in seine Familie aufgenommen hat, allein deshalb setzen wir uns für ihn ein. Wir wollen mit unseren guten Werken nicht seine Liebe und Gnade erringen, sondern ihm durch unser Tun für beides danken.

Im zweiten Kapitel des Epheserbriefes, in dem grundsätzlich zu diesem Thema Bezug genommen wird, finden wir einen Vers, der das Gesagte wunderbar verdeutlicht: *Denn wir sind sein Gebilde, in Christus Jesus geschaffen zu guten Werken, die Gott zuvor bereitet hat, damit wir in ihnen wandeln sollen (V. 10).* Die Reihenfolge von Roß und Wagen ist klar. Wir sind nicht durch unsere guten Werke gerettet worden, sondern für sie. Was wir tun, ist also nicht Grundlage, sondern Folge unserer Errettung.

GOTTES BEDINGUNGSLOSE LIEBE

Gott aber, der reich ist an Barmherzigkeit, hat um seiner vielen Liebe willen, womit er uns geliebt hat, auch uns, die wir in den Vergehungen tot waren, mit dem Christus lebendig gemacht – durch Gnade seid ihr errettet! (Epheser 2,4-5). In diesen Versen leuchtet uns gleichsam das Kernstück der Gnade entgegen: Gottes handelnde Liebe, eine Liebe, die uns befreit, obwohl wir es nicht verdient haben. Sichtbar wird diese bedingungslose Liebe im Leben und Sterben Jesu. Bedingungen wie: „Ich liebe dich, weil. . ., wenn. . . , nachdem. . ." sind Gott fremd. Wir müssen ihm seine Liebe nicht erst durch unseren Liebreiz, unsere Güte und Liebenswürdigkeit entlocken. Sie fließt einfach aus ihm heraus, weil sein Wesen Liebe ist. Diese Liebe geht bedingungslos auf uns zu; sie ist *Aktion*, nicht *Reaktion.*

Wir können diesen Gott der Liebe zwar abweisen, ihn aber nicht davon abhalten, uns dennoch zu lieben. Er bleibt uns liebevoll zugewandt, auch wenn wir unser Inneres vor ihm verschließen. Seine unverdiente Gnade gilt dem sündigen, unperfekten Menschen.

Die leistungsorientierten Christen unter meinen Lesern weise ich besonders auf das Wort *unperfekt* hin. Wie oft stellen sie mir die Frage: „Und was geschieht, wenn ich versage – wenn ich falle?"

Mir wird immer in Erinnerung bleiben, wie es im geistlichen Leben eines Teenagers unserer Gemeinde zu einem Wendepunkt kam. Der junge Mann hatte sich bereits für Jesus Christus entschieden. Er strengte sich außerordentlich an, doch – wie bei den meisten Heranwachsenden – gab es auch bei ihm manches Auf und Ab in seinem geistlichen Leben. Im Anschluß an den Gottesdienst folgte er deshalb oft der Einladung zum Gebet. Eines Abends nach dem Gottesdienst, den ein geladener Evangelist gehalten hatte, war er wieder einmal vorgekommen. Ich hatte mit ihm gebetet, und nun saßen wir am Altar zusammen und unterhielten uns. Sein Gesicht war sehr ernst, als er mir fest entschlossen mitteilte, dieses Mal bestimmt durchzuhalten. Doch gleich darauf kam die ängstliche Frage: „Was aber, wenn ich versage? Was passiert, wenn ich in Sünde falle?"

„Steve", entgegnete ich, „ich kenne dich inzwischen ziemlich gut, vermutlich besser als alle anderen in der Gemeinde. Ich glaube deshalb, daß ich dir eins schon garantieren kann: du wirst versagen, und du wirst in Sünde fallen. Was also dann?"

Ziemlich schockiert blickte er auf. Er hatte Bestärkung und nicht die Zusicherung erwartet, er würde wieder versagen. Als er nicht antwortete, merkte ich, daß er über meine abschließende Frage „Was also dann?" nachdachte.

Plötzlich schien ihm etwas einzuleuchten. Sein Gesicht erhellte sich zusehends, bis er schließlich zu lächeln begann und mit dem Kopf nickte. „Hmmm . . . ich glaube, ich beginne zu verstehen", sagte er. „Natürlich werde ich wieder versagen, bestimmt sogar. Aber eigentlich macht das kaum einen Unterschied; ist es nicht so?" Während er das sagte, ging ein helles Leuchten über sein Gesicht.

Natürlich gab es im geistlichen Leben dieses jungen Mannes noch eine Menge Wachstum, doch an jenem Tag hatte er erstmals die wahre Bedeutung der Gnade entdeckt. Und diese Entdeckung, daß die Gnade durch Versagen nicht aufgehoben wird, veränderte sein Leben. Es war eine Freude, sein Wachstum in der Gnade mitzuerleben. Später, in seinem elfjährigen Dienst als Pastor, gab er weiter, was die Gnade an ihm bewirkt hatte, und heute ist er als Professor für systematische Theologie an einem Seminar tätig und gibt Unterricht zum Thema Gnade. Finden Sie es seltsam, daß ich ihm zur Antwort gab, er würde bestimmt wieder versagen? Die Erklärung ist einfach: ich kenne ihn so gut, weil ich sein Vater bin.

Die Frage: „Was ist, wenn ich versage oder in Sünde falle?" deutet darauf hin, daß wir Gottes bedingungsloser Liebe wieder einmal Grenzen setzen und die Gnade in ihrem Wesen als unverdiente Gunstbezeugung Gottes verändern. Würde unser Versagen die Gnade aufheben, dann gäbe es so etwas wie die Gnade gar nicht. Denn der Ausgangspunkt der Gnade ist das Kreuz Christi, und am Kreuz wurden wir alle als totale Versager gerichtet. Es geht nicht um gelegentliche Verfehlungen, sondern um unser totales Versagen, unsere völlige Unfähigkeit, die moralische Kluft zwischen uns und dem heiligen Gott zu überbrücken.

Genau darum geht es in den ersten Kapiteln des Römerbriefes. Ob wir uns wie die gesetzestreuen Juden moralisch einwandfrei verhalten oder ob wir wie die Heiden alle Gebote mißachten und durch und durch Sünder sind, macht da keinen Unterschied. Denn Gott hat in seiner Liebe eine neue Grundlage für eine richtige, gereinigte Beziehung zu ihm geschaffen. Er bietet uns seine Gnade an, Liebe ohne Verdienst und Würdigkeit und ohne Rückzahlungsverpflichtung. An uns ist es, diese Gnade in Empfang zu nehmen. Das nennt man dann Glaube. Es geht also gar nicht um Erfolg oder Versagen. Die Grundlage der Errettung besteht nicht im Tun und Schaffen, sondern im Empfangen, nicht in der perfekten Leistung, sondern im glaubensvollen Vertrauen. *Jetzt aber ist ohne Gesetz Gottes Gerechtigkeit geoffenbart worden, bezeugt durch das Gesetz und die Propheten: Gottes Gerechtigkeit aber durch Glauben an Jesus Christus für alle, die glauben. Denn es ist kein Unterschied, denn alle haben gesündigt und erlangen nicht die Herrlichkeit Gottes und werden umsonst gerechtfertigt durch seine Gnade, durch die Erlösung, die in Christus Jesus ist . . . Wenn aber durch Gnade, so nicht mehr aus Werken; sonst ist die Gnade nicht mehr Gnade (Römer 3,21-24; 11,6).*

DIE GNADE UND DAS INNERE DES MENSCHEN

Die grundlegenden Schwierigkeiten leistungsorientierter Christen erwachsen nicht aus dem Denken, der verstandesmäßigen Überlegung. Indem man einfach das geistige Konzept solcher Menschen verändert, kommen sie nicht automatisch aus der Leistungstretmühle heraus. Oft verstehen sie die Gnade zunächst nur als einen lehrmäßigen Grundsatz. Dieser muß aber durch persönliche Erfahrung gleichsam vom Kopf zum Herzen wandern, damit endlich auch ihre Gefühle befriedigt werden. Die Gnade muß für sie zur lebendigen Wirklichkeit werden.

Es gibt in bezug auf den biblischen Begriff *Herz* viele Mißverständnisse. Durch unseren täglichen Umgang mit diesem Wort irregeleitet, haben wir vergessen, daß die Bibel mit diesem Wort alle Bereiche und Funktionen der Persönlichkeit meint. H. Wheeler Robinson, ein bekannter Bibelkundler und Wissenschaftler, analysierte die verschiedenen Bereiche, für die im Hebräischen und Griechischen das Wort *Herz* gebraucht wird:

Bereich	A.T.	N.T.
Charakter	257	33
Gefühl	166	19
Denken	204	23
Wollen	195	22

Es ist wichtig zu wissen, daß das Wort *Herz* sowohl für die gesamte Persönlichkeit als auch im Zusammenhang mit bestimmten Charaktermerkmalen benutzt wird. *Herz* ist das eigentliche Selbst, gleichsam der innere Kern eines Menschen, wo es zu wechselseitigen Einflüssen und Beeinflussungen der Gedanken, Wahrnehmungen, Gefühle, Entscheidungen und Handlungen kommt.

An manchen Stellen der Bibel wird das Wort *Herz* im Hinblick auf eine Beziehung gebraucht – sowohl im guten als auch im schlechten Sinn. *Du sollst deinen Bruder in deinem Herzen nicht hassen*, warnt uns die Schrift in 3. Mose 19,17. Und in Matthäus 18,35 werden wir aufgefordert, unserem Nächsten *von Herzen zu vergeben.* Verschiedene andere Verse beschreiben Menschen, die *Gott mit ihren Lippen ehren, deren Herz aber fern von ihm ist (vgl. Jesaja 29,13, Matthäus 15,8, Markus 7,6).* Hier wird das Herz in seiner Beziehung zu Gott – seiner Nähe oder Ferne – beschrieben.

Andere Stellen (5. Mose 6,5, Matthäus 22,37) fordern eine starke und enge Beziehung zu Gott, nämlich *Liebe von ganzem Herzen.* Von den ersten Christen heißt es, daß sie *ein Herz und eine Seele* waren. Dabei geht es um eine Gemeinschaft, bei der *auch nicht einer sagte, daß etwas von seiner Habe sein eigen sei, sondern es war ihnen alles gemeinsam (Apostelgeschichte 4,32).* Paulus gibt seiner besonderen Beziehung zu den Philippern mit den Worten Ausdruck: *Ich trage euch alle in meinem Herzen (Philipper 1,7, GN).* An anderer Stelle fordert Paulus die Epheser auf (Epheser 4,32), gütig und mitleidig miteinander umzugehen (engl. „tender–heartet" – weichherzig). Es wäre sicher nicht übertrieben, wenn man das Herz als Urgrund aller menschlichen Beziehungen bezeichnen würde. Regiert die Gnade darin, dann wird dieses Herz zu einer Quelle „lebendigen Wassers", das den ganzen Menschen erfaßt – Gefühl und Denken. William Kirwan drückt es folgendermaßen aus:

„Für die Schrift sind die Gefühle des Herzens von großer Wichtigkeit. Der Raum, den die Gefühle einnehmen, ist jedoch von der evangelischen Christenheit mißgedeutet worden. Bestenfalls werden Gefühle toleriert, meistens jedoch als falsch oder sündhaft angesehen. Tatsächlich ist vieles in der christlichen Theologie in dieser wichtigen Frage schiefgelaufen . . . Die Bibel dagegen weist den Emotionen und Gefühlen innerhalb des christlichen Rahmens eine klar umrissene Rolle zu . . .

‚Tatsachen' und ‚Gefühle' sind Bestandteil desselben Vorgangs. Das Gehirn unterscheidet nicht zwischen Gefühlen und Tatsachen oder zwischen Tatsachen und Gefühlen. Es gibt kaum einen Unterschied zwischen beiden, denn alle Gefühle sind psychologische und neurologische Begleiterscheinungen tatsächlicher Ereignisse . . . Auch die Bibel unterscheidet nicht zwischen tatsächlichen Ereignissen und Gefühlen . . . Sprechen wir also nicht von Tatsachen oder Gefühlen, als seien sie etwas Gegensätzliches, sondern von Tatsachen und Gefühlen . . . Indem wir einsehen, daß Emotionen oder Gefühle äußerst wichtige Bestandteile unseres Herzens sind, wird uns auch die Schlüsselposition bewußt, die ihnen in unserer Persönlichkeit zukommt. Als solche sind die Gefühle im Leben des Christen von entscheidender Bedeutung."

Der lehrmäßige Glaube an eine Theologie der Gnade, so wichtig diese auch ist, hat keine verändernde Wirkung auf das Leben leistungsorientierter Christen. Viele, die sich für das Werk des Herrn einsetzen – Pastoren, Evangelisten, Lehrer und Seelsorger – haben das noch nicht verstanden. Wenn Gemeindeglieder mit Problemen zu ihnen kommen, versuchen sie fälschlicherweise, aber nach bestem Wissen, diese auf bloßer Erkenntnisebene, d. h. durch Predigen, Lehren und Ermahnen auszuräumen. Hat dies keinen Erfolg, so brandmarken sie deren Probleme als Sünde, Rebellion, Unglaube, Ungehorsam, Mangel an Unterordnung, Selbstsucht und ähnliches. Dies verstärkt das bereits bestehende Schuldgefühl, die Depression und Verzweiflung des Hilfesuchenden noch. Ich habe manches Mal geweint, wenn ich aus Briefen, Anrufen und im persönlichen Gespräch erfahren mußte, wie Menschen von christlichen Mitarbeitern im Namen Christi mit Worten niedergeknüppelt wurden. Ich bin sicher, Gott selbst weint über diese aufrichtig gemeinten, aber falschen Bemühungen. Wie treffend beschreibt Paulus die Gesetzestreuen seiner Zeit. Sie sind eifrig bemüht, den Willen Gottes zu tun. Aber ihr Eifer beruht nicht auf der richtigen Einsicht (Römer 10,2).

Es gibt einen besseren Weg – den Weg der allumfassenden Gnade.

* Diese Gnade heilt die seelischen Wunden der Vergangenheit,
* stellt zerstörte Beziehungen wieder her,
* verhilft zu neuen, gesunden Verhaltensmustern,
* beseitigt innere Verkrüppelungen und stellt solchermaßen verwandelte Menschen in den Dienst Gottes.

Um dieses von der Gnade bestimmte Leben zu verstehen und selbst zu erfahren, gilt es einfach zu entdecken, wie man diese Gnade auf die spezifischen Probleme von Schuld, mangelndem Selbstvertrauen, Scheinheiligkeit, Zorn und Isolation anwendet, die in Kapitel 1 im einzelnen besprochen wurden.

„Halt, warten Sie", höre ich jemand protestieren. „Ich brauche jetzt sofort Hilfe. Beim Lesen ist mir klargeworden, daß sich bei mir unbedingt etwas ändern muß, aber ich habe Angst davor. Ich brauche Hilfe, damit ich den Mut aufbringe, mich diesen Dingen zu stellen."

Wenn es Ihnen so geht, habe ich eine gute Nachricht für Sie. Dieselbe Gnade, von der jetzt die Rede war, kann Sie nämlich stark und mutig genug machen, *die Maske Ihres Über-Ichs abzunehmen und*

Ihrem wahren Ich ins Auge zu sehen. Denn es ist Ihr wahres, von Gott geliebtes Ich, für das Christus gestorben ist. Er hat Ihr sündiges Wesen mit all seinen Fehlern immer gekannt – und trotzdem geliebt. Wenn Sie das im tiefsten verstanden haben, bekommen Sie Mut, sich zu sehen, wie Sie wirklich sind. Ich möchte das anhand einer bemerkenswerten Geschichte verdeutlichen, die sich im Zweiten Weltkrieg tatsächlich ereignet hat.

Ein Mann namens Stypulkowski hatte von 1939 bis 1944 in der polnischen Widerstandsbewegung mitgekämpft. Als der Krieg zu Ende ging, befand er sich zur falschen Zeit am falschen Ort und wurde von den Russen gefangengenommen. Zusammen mit fünfzehn anderen Polen brachte man ihn nach Rußland, wo er sich vor einem dortigen Kriegsgericht zu verantworten hatte. Da bei den Gerichtsverhandlungen einige westliche Beobachter zugegen waren, war es notwendig, daß die Angeklagten zuvor ein volles Geständnis ablegten, bevor sie wegen Staatsverrats verurteilt werden konnten. Obwohl die Aktionen der Widerstandskämpfer sich in Wahrheit gegen den Feind gerichtet hatten, waren sie jetzt angeklagt, den Nazis geholfen zu haben.

Vor den Verhandlungen waren die Männer harten Verhören ausgesetzt, um ihre Persönlichkeit soweit zu brechen, daß sie bereit waren, alles zu gestehen, wonach sie gefragt wurden. Von den sechzehn Männern hielt nur Stypulkowski dem schrecklichen Druck stand. 69 von insgesamt 70 Nächten war er der Qual von 141 brutalen Verhören ausgesetzt. Stypulkowski hielt durch, ja es geschah, daß der Mann, der mit dem Verhör beauftragt war, an einem bestimmten Punkt zusammenbrach und durch einen anderen ersetzt werden mußte. Wieder und wieder fragten ihn seine unbarmherzigen Peiniger über alles aus, was er jemals getan oder nicht getan hatte, um die Aussagen dann in bezug auf ihren Angst- und Schuldgehalt zu analysieren. Sie wollten Informationen über seine Arbeit, sein Familien- und Eheleben, seine Kirchenzugehörigkeit und gemeindliche Aktivität, bis hin zu seinem persönlichen Gottesbild.

Im Anschluß daran folgten weitere Wochen des Terrors, zu denen auch eine minimale Hungerkost und Schlafentzug gehörten. Am schlimmsten war es, als man ihm die unterzeichneten Geständnisse seiner besten Freunde vorlegte. Alle hatten ihn belastet. Seine Peiniger versicherten ihm, sein Fall sei hoffnungslos und so gut wie abgeschlossen. Sollte er seine Schuld nicht eingestehen, was die Strafe vermindern würde, wäre ihm die Todesstrafe sicher.

Stypulkowski lehnte ab. Da er kein Verräter war, konnte er nicht etwas bekennen, was nicht der Wahrheit entsprach. So bestand er vor Gericht weiter auf seiner Unschuld und wurde am Ende doch noch freigesprochen – was wohl zu einem großen Teil auf die Anwesenheit der ausländischen Beobachter zurückzuführen war.

Was mich an dieser Geschichte besonders beeindruckt hat, ist die völlig natürliche und unbefangene Art seines christlichen Zeugnisses im Angesicht seiner Befrager. Durch regelmäßiges Beten hatte er seinen Glauben lebendig gehalten und die Treue gegenüber seinem Herrn höher geachtet als alles.

Natürlich tauchten auch bei ihm Schwächen auf – seine Ankläger wiesen ihn von Zeit zu Zeit darauf hin – doch das erschütterte ihn nicht. Sein Durchhaltevermögen lag darin begründet, daß er jeden Tag in absoluter Ehrlichkeit vor Gott und vor seinen Anklägern stand. Er wußte sich von Gott geliebt und angenommen. Sein Leben war rein, weil Gott ihm vergeben hatte. Sobald seine Ankläger ihm deshalb eine persönliche Schwäche nachweisen konnten, *gab er sie* offen und bereitwillig zu. Lassen wir Stypulkowski selbst zu Wort kommen. Demütig schreibt er über sich selbst: „Ich habe es nie für nötig gehalten, mich selbst zu entschuldigen oder zu rechtfertigen. Wenn sie mir zeigten, daß ich ein Feigling war, so war mir das nichts Neues. Wenn sie irgendwelche schmutzigen, unreinen Gedanken bei mir entdeckten, war mir das auch schon bekannt. Und als sie mir ein Gutachten über meine Person vorlegten, in dem alle meine Unzulänglichkeiten aufgeführt waren, sagte ich: ‚Ich bin noch wesentlich schlimmer, meine Herren.' Aber wissen Sie, ich hatte gelernt, daß ich mich nicht mehr zu verteidigen brauchte. Das hat schon jemand anders für mich getan – Jesus Christus."

Weil Stypulkowski vor Gott absolut ehrlich war, konnte er in der gleichen Aufrichtigkeit vor seinen Anklägern stehen. Er konnte seine Schwächen und Fehler offen zugeben, weil er sie alle unter dem Kreuz wußte.

Dies gilt für uns alle. Wenn wir begriffen haben, daß wir *gerechtfertigt worden sind aus Glauben, so haben wir Frieden mit Gott durch unseren Herrn Jesus Christus, durch den wir mittels des*

Glaubens auch Zugang erhalten haben zu dieser Gnade, in der wir stehen . . . (Römer 5,1). Dann finden wir auch den Mut, uns der Realität zu stellen und erleben die Heilkraft der Gnade an uns selbst.

Kapitel 8

Schuld und Gnade

In Kapitel 1 haben wir uns mit den häufigsten Symptomen befaßt, unter denen Christen zu leiden haben, die sich in der Falle der eigenen Leistung verfangen haben. Diese Symptome sind schwer auseinanderzuhalten, weil sie alle so eng mit der Lebensart der Person verflochten sind. Wollten wir uns auf nur *ein* Problem konzentrieren, dann wäre das, als versuchten wir einen losen Faden aus einem Strickkleid herausziehen – und alles ribbelt auf.

Genau diese Verflochtenheit ist es, die ein so starkes Material und damit einen so vorzüglichen Schutz gegen Veränderung entstehen läßt. Es ist erstaunlich, wie Menschen oft an einem Problem festhalten, auch wenn sie bereits wissen, daß es die Ursache ihrer Nöte ist. Wir machen es uns zu einfach, wenn wir sagen: „Sie wollen eben leiden", denn für die meisten von ihnen trifft das nicht zu. Sie leiden wirklich, ohne selbstquälerische Absicht. Es fällt ihnen jedoch leichter, an etwas Bekanntem festzuhalten, das ihnen eine gewisse Sicherheit vermittelt – obwohl es vielleicht wehtut–, als es loszulassen und sich dem Unbekannten zu stellen. Die Veränderung ist eine ungeheure Herausforderung für sie, denn sie spüren deutlich: wenn sie irgend etwas aufgeben, wird sich ihre gesamte Lebensweise ändern müssen.

Oft geschieht es während eines intensiven Gebets um innere Heilung, daß der Heilige Geist gleichsam den Vorhang lüftet und den Ratsuchenden auf etwas Bestimmtes hinweist. Es ist buchstäblich so, als zöge Gott leise an dem betreffenden Faden und bäte um Erlaubnis, ihn ganz zu entfernen. Sie aber wissen, daß ihre gesamte Ausstattung in Gefahr gerät, wenn sie zulassen, daß er zieht. Und so habe ich oft schon miterlebt, daß Menschen ausriefen: „Aber ich kann das nicht aufgeben. Ich kann es einfach nicht. Was bleibt mir denn sonst? Es ist doch das einzige, was ich vorzuweisen habe!"

Wenn wir uns die verschiedenen Ausprägungen des christlichen Leistungssyndroms vor Augen führen und den einen oder anderen Faden des selbstgewirkten Kleides untersuchen, müssen wir uns immer wieder daran erinnern, daß wir es mit einem komplexen Muster zu tun haben. Wir können keinen Faden daraus entfernen, ohne damit das gesamte Erscheinungsbild zu gefährden.

WAS IST SCHULD?

Schuldgefühle, Selbstverurteilung und Furcht vor dem Urteil Gottes stehen auf unserer Liste an erster Stelle. Dies hat seine Ursache darin, daß die Schuld gewöhnlich Hauptantriebskraft und Hauptmotiv des leistungsbezogenen Christen ist. Doch fragen wir uns einmal, was Schuld wirklich ist. Da es verschiedene Bedeutungen dieses Begriffs gibt, ist es sicher hilfreich für uns, wenn wir diese voneinander trennen. Wie viele Dinge im Leben hat die Schuld zwei Seiten. Man kann sie positiv und negativ sehen.

Positiv gesehen, ist Schuld gleichsam ein geistiger Schmerz, und wie jeder Mediziner bestätigen wird, ist der Schmerz einer unserer besten Freunde. Er gehört zum Wertvollsten des uns angeborenen Warnsystems. Dr. Paul Brand, der viele Jahre in Indien unter Leprakranken gearbeitet hatte, war bekannt für sein außerordentliches Geschick auf dem Gebiet der Wiederherstellungschirurgie. Hände von Leprakranken, die von der Krankheit zerfressen waren, wurden von ihm so operiert, daß die Patienten nach ihrer Heilung wieder selbst für ihren Lebensunterhalt sorgen konnten. Dr. Brand entdeckte, daß das Hauptproblem die *Gefühllosigkeit* der Leprakranken war. Weil sie keinen Schmerz empfanden, kam es immer wieder zu schweren Verletzungen der Hände oder Füße. Im Laufe der verschiedensten Versuche stellte er außerdem fest, daß sich die Schmerzempfindlichkeit nicht wiederherstellen ließ, wenn sie einmal zerstört war. So mußte man sich andere Möglichkeiten der Warnung einfallen lassen. Für Dr. Brand ist der Schmerz Teil eines wunderbaren Systems. Er gehört zu den erstaunlichsten Gaben, die Gott dem Menschen gegeben hat. Doch Dr. Brand kannte auch die Grausamkeit des Schmerzes, wenn er miterleben mußte, wie Menschen unter unerträglichen Schmerzen starben.

Schuld ist ein geistiger und seelischer Schmerz, den wir empfinden, wenn wir uns für eine Tat oder ein Versäumnis verantwortlich fühlen, das wir mit unseren moralischen Grundsätzen nicht vereinbaren können. So gesehen, ist auch diese Form von Schmerz – als Teil seiner einhaltgebietenden, erlösenden Gnade – ein Geschenk Gottes für uns gefallene, sündige Menschen. Menschen ohne jedes Schuldgefühl, Soziopathen oder Psychopathen, die oft gemeingefährlich sind, gelten als anomal. Sie leiden gleichsam an moralischgeistlichem Aussatz und haben keinerlei Empfinden mehr für den Schmerz der Schuld, auch dann nicht, wenn sie gegen die fundamentalsten moralischen Grundsätze verstoßen oder die abscheulichsten Verbrechen begehen. Sie sind wie Charlie Starkweather, der in den fünfziger Jahren einfach über Land zog und vierzehn unschuldige Menschen erschoß. Als er bei seiner Vernehmung gefragt wurde, ob er seine Schuld einsähe, sagte er: „Nein, es war, als schösse ich Kaninchen!" Hier haben wir das extreme Beispiel eines gewissenlosen Menschen, der jegliches Empfinden für Schuld und die Fähigkeit zur Reue verloren hat.

Doch Schuldgefühle können auch ins andere Extrem gehen und sich zu einem grausamen und zerstörerischen Tyrannen entwickeln. Leistungsorientierte Christen haben oft sehr darunter zu leiden. Es handelt sich bei ihnen nicht um das normale und bestimmte Schuldgefühl, das entsteht, wenn sie etwas Falsches getan oder gedacht haben. Es ist vielmehr ein unbestimmtes, allgemeines Gefühl. Als ich einen Ratsuchenden einmal bat, seine Empfindungen zu beschreiben, sagte er: „Bei mir ist das Schuldgefühl einfach allgegenwärtig, gleichzeitig auf alles und nichts bezogen." Dieses allumfassende Schuldgefühl ist verantwortlich für die moralisch-geistliche Getriebenheit, die man bei solchen Christen feststellen kann. Der ständige Druck ihrer „Schuld" zwingt sie, immer noch mehr zu tun und mehr darzustellen. Trotz all ihres Bibelwissens und ihrer ständigen Versuche, dem Herrn zu vertrauen und zu gehorchen, gelingt es ihnen offenbar nicht, ihre Schuldgefühle abzuschütteln und in der Gewißheit zu bleiben, daß Gott ihnen vergeben und sie angenommen hat. Nachfolgend wollen wir einige der Gründe beleuchten, weshalb es diesen Menschen so schwerfällt, sich von ihrer Schuld zu lösen.

FALSCHE SCHULDÜBERNAHME

In Kapitel 4, in dem wir herausstellten, daß alle unsere Probleme Folgen der Sünde sind, fragten wir: „Aber wessen Sünde?" Dazu ist zu sagen, daß der erste Schritt zur Befreiung von unnötigen Schuldgefühlen darin bestehen muß, daß wir zu unterscheiden wissen zwischen dem, was wir an Sünde selbst zu verantworten haben, und dem, was andere uns angetan haben und wofür wir nicht verantwortlich sind. Untersuchungen im Bereich von Alkoholismus, Frauen- und Kindesmißhandlung und sexuellem Mißbrauch zeigen, daß es viele Situationen gibt, in denen Menschen durch Geschädigte Schaden erleiden. Leider gibt es einen Faktor, der zur Fortsetzung solcher Erbsünden („bis zu Kindeskindern") beiträgt, und das ist die Tatsache, daß viele Christen das damit verbundene Schuldgefühl nicht loswerden.

Ich bin nicht oft wütend geworden, aber an ein Mal erinnere ich mich noch gut. Es war vor vielen Jahren. Wir hatten in der Gemeinde, in der ich Pastor war, einen Evangelisten zu Besuch. Dolores, eine aufrichtige junge Frau und treue Gottesdienstbesucherin, suchte wegen schlimmer Schuldgefühle den Evangelisten auf. Zum ersten Mal in ihrem Leben brachte sie den Mut auf, von dem sexuellen Mißbrauch durch ihren eigenen Vater zu sprechen. Sie hatte seine Annäherungen von ihrem sechsten bis neunten Lebensjahr ertragen, konnte es dann aber nicht mehr aushalten und erzählte ihrer Mutter davon. Diese geriet außer sich, gab ihr Prügel und beschuldigte sie, ihren Vater absichtlich „verführt" zu haben. Unter Tränen erzählte Dolores dem Evangelisten, was sie durchlitten hatte, und fragte ihn anschließend, was sie gegen ihre schrecklichen Schuldgefühle tun sollte, für die es offenbar keine Lösung gäbe. Der Evangelist gab ihr zur Antwort, sie würde nicht eher davon freikommen, „bis sie ihre eigene Verantwortung in der Angelegenheit erkannt und Buße getan hätte". Dieser Ratschlag erschütterte sie so, daß es fast zu einem Zusammenbruch gekommen wäre.

Es wundert mich immer noch, wie Dolores den Weg zu mir fand, der ich doch auch ein Prediger war. Es war wohl ihrer Verzweiflung und der Gnade Gottes zuzuschreiben. Als ich von dem „Rat" des Evangelisten erfuhr, packte mich ein solcher Zorn, daß ich mich kaum beherrschen konnte. Inzwischen habe ich gelernt, nicht mehr schockiert zu sein über die haarsträubenden Ratschläge, die manchmal in sogenannten „seelsorgerlichen Gesprächen" erteilt werden. Es ist erstaunlich, wie grausam manche „Helfer" sein können, besonders dann, wenn es darum geht, Christen noch größere Lasten aufzubürden, denen ihre augenblickliche Bürde schon fast die Luft abschnürt.

Können Sie verstehen, welch einen Berg von Schuld Dolores

durchzuarbeiten hatte? Von ihrer Mutter war sie der Verführung beschuldigt worden, der Evangelist hatte dieses Urteil im Namen Gottes noch verfestigt. Wieder und wieder versuchte ich ihr klarzumachen, wie lächerlich es war, einem sechsjährigen Mädchen die Verführung eines erwachsenen Mannes zur Last zu legen. Sie drehte sich weiter im Kreise. „Ich muß etwas falschgemacht haben", sagte sie oder „Ich hätte nicht so oft auf seinen Schoß klettern und ihn nicht soviel umarmen sollen." Sie konnte einfach nicht zugeben, wie falsch sich ihre Eltern verhalten hatten und wie tief sie von ihnen verletzt worden war. Sie schien fest entschlossen, weiter die Verantwortung dafür zu tragen. Dolores ist ein treffendes Beispiel für so viele Christen, die wie Dolores an den Folgen ihrer seelischen Verletzungen kranken. Lieber übernehmen sie die Schuld für das, was ihnen ein anderer angetan hat, als die Wahrheit über den Betreffenden ertragen zu müssen. Dies ist besonders dann der Fall, wenn es sich bei den Verursachern um Menschen handelt, die sie lieben und achten wollen, wie Eltern, nahe Verwandte, Lehrer, Prediger oder Ehepartner.

Wir geraten in einen schrecklichen Bannkreis von Schuld, der fast nicht zu brechen ist, wenn wir die Schuld festhalten. Alles scheint aussichtslos, weil es keinen Weg gibt, auf dem Gottes Gnade zu uns hineingelangen kann. Vergebung wird uns nur zuteil, wenn wir denen vergeben, die an uns gesündigt haben. Und wir können ihnen nicht wirklich vergeben, bevor wir uns nicht eingestehen, daß sie uns verletzt haben und wir gewillt sind, das Gefühl zu ertragen, das diese Wahrheit in uns auslöst. Solange wir uns weiter für die Sünden anderer verantwortlich fühlen, kann die Gnade ihr heilendes Werk nicht an uns tun.

In der alttestamentlichen Geschichte von der Vergebung, die Josef seinen lieblosen Brüdern gewährte, finden wir den wundervollen Vers: *Ihr hattet Böses gegen mich beabsichtigt, Gott aber hatte beabsichtigt, es zum Guten zu wenden.* Mit Recht betonen wir die Wendung zum Guten, doch dürfen wir auch den ersten Abschnitt des Verses, das Böse, nicht außer acht lassen. Josef sah dem Unrecht, das seine Brüder ihm angetan hatten, freimütig ins Auge, ohne es zu verkleinern oder vorschnell zu entschuldigen. Viele Menschen sind nämlich der irrigen Meinung, Vergebung bedeute, ihnen angetanes Unrecht einfach zu übersehen. Sie halten für christlichliebenswert, was eigentlich im tiefsten unwahr ist und die Kraft der vergebenden Gnade einschränkt.

Es ist der Heilige Geist, der Geist der Wahrheit, der die Gnade Gottes in unserem Leben freisetzt. Solange wir in unserem Herzen unaufrichtig und unwahrhaftig sind, kann der Herr uns nicht von unseren Schuldgefühlen befreien und uns bleibenden Frieden geben. Aus diesem Grund brauchen wir zu Beginn oft noch die Hilfe eines seelsorgerlichen Menschen, um im Angesicht Gottes echte und falsche Schuld voneinander zu trennen. Wenn das geschehen ist, bleibt es uns natürlich nicht erspart, die volle Verantwortung für unsere Sünden zu tragen. Im Fall von Dolores bedeutete das zunächst, daß sie sich eingestand, wie stark der Vertrauensbruch ihrer Eltern sie verletzt hatte. Dann mußte sie ihren Eltern vergeben und Vergebung für sich selbst erbitten, weil sie ihren Eltern ihr falsches Verhalten nachgetragen hatte. Auf diese Weise kam es zu wirklicher Vergebung realer Schuld auf beiden Seiten, und für Dolores begann ein neues Leben, in dem endlich der Frieden Gottes regierte.

Obwohl Ihre Lebensgeschichte möglicherweise ganz anders aussieht, kann es sich als heilsam erweisen, wenn auch Sie Ihr Leben in dieser Weise durchforschen, denn „Gnade und Wahrheit" gehören in unserem Leben ebenso zusammen wie im Leben Jesu (Johannes 1,14).

FALSCHE SCHULD

Es gibt Situationen, in denen wir zwischen echter und falscher Schuld genau unterscheiden müssen. Dem Gewissen eines Kindes prägen sich Vorstellungen von Gut und Böse ein, indem es die Grundsätze von Erwachsenen übernimmt, die es für wichtig hält. In seinem Streben nach Anerkennung macht sich das Kind nach und nach die Wertvorstellungen der Erwachsenen zu eigen. Christliche Eltern sollten diesen Entwicklungsprozeß ausnutzen und ihre Kinder in der Zucht und Ermahnung zum Herrn erziehen. Dies gilt auch für den Bereich der Sonntagsschule, der Jugend- und Gemeindearbeit. Wenn Gottes Wort der Maßstab ist, der in liebevollen Beziehungen und lebendigen Vorbildern zum Ausdruck kommt, dann wird sich bei unseren Kindern ein gesundes, vom Geist Christi geprägtes Gewissen entwickeln.

Doch hier kann es leider auch zu falschen Prägungen kommen, so daß manche Christen ein überempfindliches Gewissen entwickeln und ständig unter Schuldgefühlen zu leiden haben. Dies ist manchmal auf eine Überbetonung unbedeutender Regeln und Vorschriften in Haus und Gemeinde zurückzuführen oder darauf, daß die Bestrafung für die Nichtbeachtung dieser Regeln unverhältnismäßig hoch ist. In gesetzlichen Elternhäusern, Gemeinden und Gemeinschaften wird das Gewissen junger Menschen oft so verbogen, daß sie falschen Schuldgefühlen zum Opfer fallen. Vor Jahren sagte einer meiner Mentoren etwas zu mir, das sich in meiner lebenslangen seelsorgerlichen Arbeit immer wieder bestätigt hat. Er sagte: „Sobald du einem Fall von übertriebener Gewissenhaftigkeit begegnest, finde die seelische Störung heraus, die dahintersteht."

Dies alles wird um so schlimmer, wenn diese Übergewissenhaftigkeit durch seelische oder geistliche Erpressung noch verstärkt wird, d. h. wenn Schuld zum Beherrschen oder Beeinflussen von Menschen benutzt wird. Diese Form von Erpressung kann zerstörerische falsche Schuldgefühle auslösen, durch die Menschen in die Tretmühle des Leistungszwangs hineingeraten, in der sie oft jahrelang gefangen bleiben.

Cliff war ein Mann, der wie kaum ein anderer unter falschen Schuldgefühlen zu leiden hatte. Er war ein „workaholic" (von Arbeit Besessener), der ständig etwas für den Herrn tun mußte. Er hatte ständig das Gefühl, keinen Augenblick in seinen Bemühungen nachlassen zu dürfen, da das dem Herrn mißfallen würde. Immer und überall fühlte er sich beobachtet. Die Last für die Seelen unerretteter Menschen, denen er begegnete, drohte ihn zu erdrücken, denn er fühlte sich persönlich für ihr Seelenheil verantwortlich. Er war sicher, daß ihr Blut über ihn käme, wenn es ihm nicht gelänge, sie mit der Botschaft zu erreichen. Einige Male hatten gute Freunde ihn vor dem seelischen Zusammenbruch bewahrt, indem sie ihn liebevoll betreut und ihn buchstäblich gezwungen hatten, einige Tage auszuspannen. Doch dies führte ihn in der Folgezeit nur noch in größere Schuldgefühle hinein. Wie unzufrieden und enttäuscht mußte Gott darüber sein, daß er seinen rastlosen Einsatz unterbrochen hatte!

Es dauerte eine Zeit, bis Cliff bereit war, mit dieser Selbstkasteiung aufzuhören und mir Einblick in seine Familiengeschichte zu geben. Seelische und geistliche Erpressung waren bei ihm zu Hause an der Tagesordnung gewesen, wie es oft der Fall ist, wenn man nicht zu den üblichen Formen der Zucht und Bestrafung greifen will, um schlechtes Benehmen der Kinder abzustellen oder die Ordnung in der Familie aufrechtzuerhalten. Statt dessen wurden Zuwendung, Mißbilligung und Schuld als Druckmittel benutzt, um damit selbst kleinste Verhaltensmaßregeln in der Familie durchzusetzen. Cliffs Mutter spielte die Märtyrerin und benutzte jede Gelegenheit, um die Familie mit ihren Krankheiten und nervösen Störungen unter Druck zu setzen. Ständig konsultierte sie irgendwelche Ärzte, die ihr die nötige Ruhe und Medizin verschreiben mußten, damit sie über die Runden kam. Was ihr wirklich fehlte, konnte in dessen niemand feststellen. Cliff als ältestes Kind hatte am meisten darunter zu leiden. Schon früh wurde ihm eine Riesenlast aufgebürdet. „Ich war sicher, daß ich perfekt sein und bei der Beaufsichtigung meiner Geschwister helfen mußte, weil wir eine so bedauernswerte Mutter hatten. Ich mußte besonders hart arbeiten, um ihr jede Last abzunehmen. Schließlich hatte sie schon genug unter irgend-einer schrecklichen Krankheit zu leiden - möglicherweise war es ein verborgenes Krebsgeschwür, das man nicht lokalisieren konnte – und unter einem Ehemann, der vor anderen Interesse und Zuwendung heuchelte, in Wahrheit aber rücksichtslos und wertlos war. Ständig hörten wir den Satz von unserer Mutter: ‚Ihr wißt nicht, was ich bei eurem Vater alles auszuhalten habe - aber das ist nun mal das Los einer jeden Ehefrau.‘ Diese Aussage brachten wir alle mit irgend etwas Sexuellem in Verbindung.

Es gab aber auch eine direktere Art der geistlichen Erpressung, indem alles eine religiöse Nebenbedeutung erhielt. Wenn wir Mutter gehorchten und ihr Freude machten, war es so, als gehorchten wir Gott. Gehorchten wir ihr nicht, war Gott ernstlich böse auf uns." Bei diesen Worten spürte man ihm die innere Bewegung deutlich ab. Dann fuhr er fort: „Gott und meine Mutter verschmolzen für mich zu einer Einheit, das wird mir jetzt ganz klar. Und ich wünschte mir verzweifelt, beiden – Gott und ihr – zu gefallen. Aber wie sollte ich meine Mutter lieben? Ich glaube nicht, daß sie überhaupt nach Liebe verlangte. Sie wollte lediglich eine Menge Mitleid für ihre körperlichen Leiden und für die traurige Tatsache, die Ehefrau unseres Vaters sein zu müssen. Man konnte ihr auch nichts recht machen, weil sie ständig etwas anderes verlangte. Mein armer Vater! Heute weiß ich, daß ich ihn immer nur mit den Augen meiner Mutter und nie richtig selbst gesehen habe. In Wirklichkeit war er ein geduldiger und prima Kerl."

Cliff begriff allmählich, daß es nicht Gott war, von dem er sich immer beobachtet glaubte. Nicht Gott war es, der ihm über die Schulter sah und alles kritisierte, was er las, jede von ihm geäußerte Meinung in Frage stellte und dem jede seiner Beschäftigungen oder Beziehungen mißfiel. Ja, die innere Stimme in ihm und die Empfindungen, die er hatte, schienen von Gott zu sein, doch es war nicht so. Es war die Stimme einer unberechenbaren und mit nichts zufriedenzustellenden Mutter, die Teil seines Gewissens geworden war. Das alles steckte so tief in ihm, daß er sich zu seinem eigenen Aufpasser entwickelt hatte, der alles, was mit seinem geistlichen Leben zusammenhing, genauestens unter die Lupe nahm. Wenn er betete, die Bibel las oder Zeugnis gab, war es so, als beobachtete er sich selbst dabei. Das erinnerte mich an eine Anekdote, die ich einmal über einen Fensterputzer gelesen hatte. Nachdem er die Fenster des Wolkenkratzers gereinigt hatte, trat er zurück, um sein Werk zu begutachten . . . Komisch? In Cliffs Fall war es das nicht, denn schon einige Male war er aufgrund seiner endlosen Selbstbeobachtung dem Zusammenbruch nahe gewesen.

Es dauerte lange, bis wir uns durch die dicke Schicht seiner Schuldgefühle durchgearbeitet hatten. Die Untersuchung seiner familiären Situation trug dazu bei, daß er vieles in bezug auf sich selbst und seine Eltern verstehen lernte. Das sollte keineswegs dazu dienen, Verantwortung abzuschieben. Es war einfach nötig, um vergeben und lieben zu lernen. Die Untersuchung verhalf uns auch dazu, daß wir viele der Regeln und Vorschriften, die in seinem Leben wirksam waren, zusammen durchgehen konnten. Er brauchte Zuspruch und Ermutigung bei seinen Bemühungen, gegen seine eigenen Schuldgefühle anzugehen. Allein ist das oft nicht zu schaffen. Obwohl wir meinen, im Recht zu sein, machen uns die alten Schuldgefühle so zu schaffen, daß sie uns fast in Stücke reißen. Als erstes brauchen wir deshalb die Unterstützung eines seelsorgerlichen Menschen oder einer Gruppe. Die endgültige Lösung liegt aber nicht im Zurechtrücken von Vorschriften oder in der Unterscheidung zwischen dem Reden Gottes und dem, was wir durch menschliche Beeinflussung irrtümlich für seine Stimme gehalten haben.

Die Lösung ist aber auch nicht auf dem Wege genauer Anweisungen zu finden, eine Tatsache, die die meisten Berater schmerzlich an sich erfahren mußten. Freiheit und Freude stellen sich nicht automatisch ein, indem ich die Stelle der Mutter einnehme und Cliff gleichsam als Mutter- oder Autoritätsersatz sage, wie er zu leben hat. Es passiert leicht, daß Seelsorger in diese Abhängigkeitsfalle hineinstolpern. Ist es erst einmal geschehen, wird die Behandlung gleichsam zum Bestandteil der eigentlichen Krankheit. Zu beachten ist deshalb, daß wir nur vorübergehend als Assistenten des Heiligen Geistes fungieren. Unser Ziel muß sein, Menschen dazu zu verhelfen, daß sie ihre Kraft aus der Lebensgemeinschaft innerhalb des Leibes Christi beziehen und direkt durch den Heiligen Geist belehrt werden, der immer noch der beste Lehrmeister ist.

Cliffs schwerste Schädigung zeigte sich in seinem lieblosen, falschen Gottesbild, das mit dem Gott der Bibel nichts gemein hatte. Bei vielen Menschen, die aus ähnlich ungünstigen Familienverhältnissen kommen, läßt sich dieses Problem feststellen. Sie haben keinen gnädigen Gott, wie er sich uns in Jesus Christus offenbart hat. Ihr Gott ist seinem Wesen nach unbeständig, unberechenbar und vor allem nie zufriedenzustellen, so daß man sein Wohlwollen und seine Liebe nur durch perfekte Leistung erringen kann. Auch ihre Vorstellung von rechter Gemeinschaft zwischen Gott und Mensch ist gestört, weil ein falsches Gottesbild automatisch zu einer Fehleinschätzung dessen führt, was Gott von uns will. Und wenn wir das nicht wissen, entwickeln sich verschrobene Ideen in uns, wie unsere Beziehung zu Gott auszusehen hat und umgekehrt. Cliff und ich arbeiteten alles miteinander durch und erlaubten dem Geist Gottes, eine Menge verzerrter Vorstellungen auszuräumen und viele seiner seelischen Verletzungen zu heilen. Ich wurde dabei an die Aussage eines Arztes erinnert, der einmal zu mir sagte, es wäre eine größere Operation bei mir erforderlich. Vorher müßten aber noch einige Sekundärinfektionen behandelt werden.

Genauso war es bei Cliff. Zweifellos war er schon ein gutes Stück weitergekommen. Die grausame Intensität seiner früheren Empfindungen hatte nachgelassen, und er war jetzt mit Sicherheit ein besserer Zeuge für seinen Herrn. Im tiefsten war das Gefühl, Gott zu mißfallen, aber immer noch lebendig in ihm. Nach einer Sonntagspredigt, bei der es um die „Ruhe in Christus" gegangen war, sagte er mit einem nervösen Lachen zu mir: „Mein Leben als Christ sieht eher aus, als liefe ich auf Eiern." Immer noch lebte er so, als hinge Gottes Zustimmung von seiner eigenen Leistung ab, anstatt von der Vollkommenheit Christi.

In mancher Beziehung hatte unser Aussortieren echter und falscher Schuldgefühle die Sache noch schlimmer für ihn gemacht. Bei Christen – und bedenken Sie bitte, daß ich mich in meinen Ausführungen an Christen wende – ist es nicht möglich, das Schuldproblem des anderen einfach dadurch zu lösen, daß wir ihm sagen: „Hier ist das Schuldgefühl berechtigt" oder: „Daran trifft dich keine Schuld." Es ist nicht unsere Aufgabe, den anderen für etwas zu verurteilen, was uns wie ein Versagen gegenüber den Forderungen des Gesetzes erscheint. Sobald wir verurteilen, bringen wir damit zum Ausdruck, daß wir an das Gegenteil von Gnade glauben, das heißt, daß wir meinen, doch die Fähigkeit in uns zu haben, alle Forderungen des Gesetzes zu erfüllen. Dann haben wir es mit eigener Werkgerechtigkeit und nicht mit der frohen Botschaft von der erlösenden Gnade zu tun. Diese besagt nämlich, daß die richtige Beziehung zu Gott nicht länger von unserer Gesetzestreue abhängt, sondern davon, daß wir uns voll und ganz zu unserer eigenen Unfähigkeit bekennen. Wir brauchen uns nicht mehr verzweifelt abzumühen. Die richtige Beziehung zu Gott entsteht durch das, was er selbst für uns in Christus getan hat. *Denn Christus ist des Gesetzes Ende, jedem Glaubenden zur Gerechtigkeit (Römer 10,4).*

An diesem Punkt bat ich Cliff, den Römerbrief in moderner Übersetzung noch einmal zu lesen. Als wir das nächste Mal zusammentrafen, war er sichtbar bewegt. „Die Sache von der Gnade scheint mir langsam aufzugehen", sagte er, „und ich muß zugeben, daß ich verwirrt bin. Meine Schuld scheint zuzunehmen, und das gefällt mir gar nicht. Aber es scheint eine andere Art von Schuld zu sein." Dann begann er mir etwas Interessantes zu erzählen: „Mag sein, daß ich nicht alles verstehe, aber egal – als ich kürzlich wieder einmal „Amazing Grace" (Wunder der Gnade) gesungen habe, fielen mir zwei Zeilen besonders auf: I,t was grace that taught my heart to fear, and grace my fears relieved‘ (Durch Gnade lernte ich Gott fürchten, durch Gnade wurd' ich frei von Furcht). Ich hörte auf zu singen und dachte über diesen scheinbar so paradoxen Satz nach. Da kam ein Gefühl über mich, als lege der Herr seinen Arm um mich und sagte: ‚Cliff, ich nehme dich an und liebe dich, wie du jetzt gerade bist.‘ Niemals zuvor habe ich mich so bedingungslos angenommen gefühlt wie in jenem Augenblick. Es war einfach unglaublich. Doch gleich darauf merkte ich, wie Angst in mir aufkam, und innerlich sagte ich beinahe ärgerlich zu Gott: „Mag ja sein, daß du mich akzeptierst, ich aber nicht. Schließlich habe ich meine Grundsätze!"

Weil Cliff seine Gedanken laut geäußert hatte, hörte und verstand er jetzt, was er da gesagt hatte. Wie ein Schock kam die Erkenntnis über ihn, was Sünde, Schuld, Gnade und Erlösung eigentlich im tiefsten bedeuten. Sünde und Schuld bewirken Krankheit; Gnade und Erlösung machen heil. Aber nur der Heilige Geist kann das letztlich in uns bewirken. Denn wenn unser Gewissen uns verklagt, weil wir gegen unsere moralischen Grundsätze verstoßen haben oder falsche Schuldgefühle in uns aufkommen, dann wirft uns der Heilige Geist unser Versagen nicht vor. Es heißt von ihm, daß er die Welt von Sünde überführen wird, weil die Menschen nicht an Jesus glauben (Johannes 16,6-9). Die Gnade bewirkt, daß wir unsere Schuld erkennen, echte Schuld für tatsächlich begangene Sünden, die auch darin besteht, daß wir nicht an Jesus Christus als den Weg zu Gott geglaubt haben. Cliff erkannte in jenem Augenblick der Wahrheit, daß weder seine vielen Sünden noch sein Schuldgefühl ihn davon abgehalten hatten, Frieden mit Gott zu finden. Es war sein Stolz gewesen, das Gefühl, ein guter Mensch zu sein. In einem unbewachten Moment war deutlich geworden, daß Cliff den Weg der eigenen Werkgerechtigkeit für besser gehalten hatte als Gottes Weg der freien Gnade.

Gottes Gnade löst das Schuldproblem nicht portionsweise, nein, sie schenkt uns durch den Kreuzestod Jesu eine völlig neue Beziehung zu Gott. Gnade bedeutet, daß Gott die Sünder annimmt. Das war es, was die „guten Menschen" zur Zeit Jesu so schockierte. *Dieser nimmt Sünder auf und ißt mit ihnen (Lukas 15,2)*, murrten die Pharisäer und Gesetzeslehrer. Sie waren die moralisch hochstehendsten Leute im Land, eifrig darauf bedacht, die Forderungen des Gesetzes zu erfüllen. Doch Jesus machte seinen Jüngern klar, daß sie nicht in das Reich der Himmel eingehen könnten, wenn ihre Gerechtigkeit nicht vorzüglicher wäre als die der Pharisäer (Matthäus

5,20). Was unterschied denn die Jünger von den Schriftgelehrten? Führten die Jünger ein moralisch einwandfreies Leben, und die Pharisäer nicht? Nein, aus den Berichten kann man eher das Gegenteil entnehmen. Aber die Verstöße gegen die Moral geschahen bei den Pharisäern im verborgenen, während die Jünger sich offen zu ihren Verfehlungen bekannten. Der Unterschied bestand aber vor allem in ihrem Verhältnis zu Jesus. Die Jünger waren mit Jesus verbunden, standen auf seiner Seite – die Pharisäer nicht. Gottes Gnadenbotschaft besagt, daß es nur dann eine Lösung für unser Schuldproblem gibt, wenn wir unser ganzes Vertrauen auf Jesus setzen und mit ihm Gemeinschaft haben. Denn es gibt *keine Verdammnis mehr für die, welche in Christus Jesus sind (Römer 8,1).*

Kapitel 9

Heilung der Gefühle

Leistungsorientierte Christen haben gewöhnlich ein schwach entwickeltes Selbstbewußtsein. Was haben wir uns unter diesem Begriff vorzustellen? Es ist das Bild, das wir von uns selbst haben, ein Bilderpuzzle, das sich aus unseren früheren Gefühlen, unserer augenblicklichen Situation und unseren Zukunftsvorstellungen zusammensetzt. Die verschiedensten Überlegungen, Urteile und Gefühle gehören zu diesen Bildern, so daß wir es gleichsam mit einer dreidimensionalen Video-Collage in Farbe und Stereoton zu tun haben. Sind die Werturteile und Gefühle im großen und ganzen positiv, so sprechen wir von einem gesunden Selbstbewußtsein, sind sie negativ, ist das Selbstwertgefühl gestört. Wenn Menschen zu mir in die Beratung kommen, ist ihre Meinung über sich selbst meistens das erste, was ich von ihnen erfahre. Das mangelnde Selbstbewußtsein kommt dann zum Beispiel in Sätzen wie: „Ich mag mich nicht" oder „Ich kann mich einfach nicht ausstehen" zum Ausdruck.

Im Zweiten Weltkrieg half eine Sozialarbeiterin mit bei der Evakuierung von Kindern aus den bombengefährdeten Teilen Londons. Sie wurden mit dem Bus aufs Land gebracht, wo sie sicherer waren. Als die Sozialarbeiterin eines Tages einen vierjährigen Jungen aus dem Bus heben wollte, fragte sie ihn: „Wie heißt du denn, mein Junge?" Da sah der Kleine sie traurig an und sagte: „Frag lieber nicht, Tante. Ich bin zu nichts nütze, und keiner mag mich leiden." Aus den Selbstaussagen der Menschen kann man ersehen, daß viele ähnlich über sich denken.

Doch warum ist dies so häufig bei Christen der Fall? Schließlich widerspricht dies der frohen Botschaft, daß man als Gotteskind und Miterbe Christi in die Familie des Herrn aufgenommen wurde. Wäre das Selbstbewußtsein also allein vom verstandesmäßigen Wissen abhängig, dann müßten Christen aufrechter dastehen und sich besser fühlen als alle anderen. Woher kommt es aber, daß so viele wirklich wiedergeborene Christen von schlimmen Minderwertigkeitsgefühlen geplagt werden?

SELBSTABLEHNUNG UND SELBSTWERTGEFÜHL

Viele Christen haben eine völlig verworrene Vorstellung von christlichem Selbstbewußtsein. Viele Begriffe, die das Ich betreffen, wie Selbstkasteiung, Selbstverleugnung, Selbstachtung, Eigenliebe, Selbstaufgabe, Demut, Stolz usw., haben sich bei ihnen zu einem unentwirrbaren Knäuel vermischt. Dies wirkt sich natürlich belastend auf das tägliche Miteinander aus.

Ich denke in diesem Zusammenhang an zwei Frauen um die fünfzig, die einmal hilfesuchend zu mir kamen. Die eine, Barbara, litt unter schweren Schuldgefühlen, weil sie angeblich „nicht von sich selbst loskommen" konnte. Es war schon so weit gekommen, daß sie jedesmal eine Entschuldigungspause einlegte, wenn sie das Wort „ich" gebrauchte. Schließlich versuchte sie sogar, es ganz aus ihrem Wortschatz zu streichen. Das war natürlich ein lächerliches und noch dazu ganz unmögliches Unterfangen. Sie war sehr niedergeschlagen, als sie von mir zu hören bekam, daß dies ihre Ichbezogenheit nur verstärken und mich in bezug auf ihre Person noch hellhöriger machen würde. Kurz zuvor hatte sie eine ernste Predigt über Galater 2,20 gehört, in der es um die Kreuzigung des eigenen Ichs gegangen war. Als ich sie bat, den betreffenden Vers einmal langsam vorzulesen und festzustellen, wie oft es darin um das „Ich" ging, zählte sie zu ihrer Überraschung siebenmal „ich", „mir" oder „mich". Interessant: in diesem neutestamentlichen Vers, der sich am intensivsten mit der Selbst-Verleugnung befaßt, wird am allermeisten auf das Selbst des Menschen Bezug genommen.

Judith, die zweite Frau, an die ich in diesem Zusammenhang denke, sah ein, daß sie dabei war, mit ihrer falschverstandenen Demut sich selbst und ihre Ehe zu zerstören. Da sie ihre eigenen Gaben absichtlich verleugnete und es ihr nicht gelang, sich ihrem Mann hinzugeben, war ihr Herz voller Bitterkeit gegen ihn. Aus Angst, stolz zu erscheinen, verleugnete und kreuzigte sie sich ständig selbst. Effektiv bedeutete das für sie, möglichst gering von sich zu denken und ihr Licht ständig unter den Scheffel zu stellen. Das war für sie Demut.

Neunmal heißt es in der Bibel: *Liebe deinen Nächsten wie dich selbst*, wobei dieser Befehl einmal dem Fremdling im eigenen Land gilt. Dann folgen zwei Stellen bei Mose (3. Mose 19,18 und 34), fünf in den Evangelien (Matthäus 19,19, 22,39; Markus 12,31; Lukas 10,27), zwei bei Paulus (Römer 13,9; Galater 5,14) und eine letzte bei Jakobus (2,8). In diesen Schriftstellen ist nicht ausdrücklich davon die Rede, daß wir uns selbst lieben sollen. Aus den Bibelversen kann gefolgert werden, daß die rechte Selbstliebe einfach die normale Grundlage für die Beziehung zu anderen ist. Selbstliebe wird vermutlich deshalb nicht befohlen, weil einfach vorausgesetzt wurde, daß die angesprochenen Menschen über ein gesundes Maß an Selbstliebe verfügten, das sie dann als Maßstab nehmen konnten für ihre Liebe zum Nächsten. Auch Paulus hat sicherlich so gedacht, als er Ehemännern den Rat gab: *So sind auch die Männer schuldig, ihre Frauen zu lieben wie ihre eigenen Leiber. Wer seine Frau liebt, liebt sich selbst. Denn niemand hat jemals sein eigenes Fleisch gehaßt, sondern er nährt und pflegt es, wie auch der Christus die Gemeinde.* Überall in der Heiligen Schrift wird eine angemessene Selbstliebe, Selbsterhaltung und Selbstachtung als etwas Normales vorausgesetzt, und nirgendwo wird davon gesprochen, daß wir uns selbst hassen, vernachlässigen oder ständig herabwürdigen sollen.

Selbstverleugnung besteht nicht darin, daß wir uns selbst für wertlos halten, sondern darin, daß wir unseren Eigenwillen und unser Streben nach eigener Ehre aufgeben. Die Kreuzigung unseres Ichs bedeutet, daß wir gewillt sind, unser fleischliches, auf eigene Ehre bedachtes Wesen mit Christus in den Tod zu geben. Damit ist aber nicht gemeint, daß wir auf den Gebrauch unserer natürlichen Gaben verzichten oder diese herabwürdigen sollten. Vielmehr sind wir aufgerufen, sie Gott zu übergeben, damit sie zu seiner Ehre eingesetzt werden. Stolz beruht nach biblischer Interpretation auf einer irrealen Selbsteinschätzung, vor der uns Paulus mit den Worten warnt: *Denn ich sage durch die Gnade, die mir gegeben wurde, jedem, der unter euch ist, nicht höher von sich zu denken, als zu denken sich gebührt, sondern darauf bedacht zu sein, daß er besonnen sei, wie Gott einem jeden das Maß des Glaubens zugeteilt hat (Römer 12,3).* Genauso wie wir durch Gottes Gnade und nicht durch eigene Anstrengung gerettet wurden, so wird auch die Gnade Gottes in uns bewirken, daß wir uns selbst richtig einschätzen. Der Stolz hat keine Daseinsberechtigung mehr in uns. Paulus stellt in diesem Zusammenhang die eindringliche Frage: *Denn wer gibt dir einen Vorrang? Was hast du, das du nicht empfangen hast? Wenn du es aber auch empfangen hast, was rühmst du dich, als hättest du es nicht empfangen? (1. Korinther 4,7)*

Corrie ten Boom wurde einmal gefragt, wie sie denn angesichts der vielen Komplimente und Ehrungen, die ihr zuteil wurden, vor Stolz bewahrt bliebe. Es sei so, sagte sie, als reiche man ihr mit jedem Kompliment eine wunderschöne langstielige Rose. Einen Augenblick lang freue sie sich an ihrem Duft, um sie dann zu den anderen in eine Vase zu stellen. Abends vor dem Schlafengehen nähme sie dann den herrlichen Strauß und gäbe ihn mit den Worten an Jesus weiter: „Danke, Herr, daß ich mich am Duft der Rosen freuen durfte. Sie gehören alle dir." Corrie hatte das Geheimnis wahrer Demut entdeckt.

Demut schließt nicht aus, daß ich mich mag und die Anerkennung meiner Mitmenschen schätze, sie besagt aber, daß ich von dem Zwang befreit bin, Gott, mir selbst und anderen meinen Wert ständig beweisen zu müssen. Gesunde christliche Selbstachtung beruht auf dem festen Wissen, daß ich von Gott selbst angenommen, geliebt und anerkannt bin. Demut ist eine gottgewirkte Haltung, die aus der Dankbarkeit für Gottes unverdiente Gnade entsteht. Gefühle von Minderwertigkeit, Unsicherheit und Unzulänglichkeit als Zerrbilder wahrer Demut kommen dagegen vom Widersacher und nicht von Gott.

BARRIEREN DER GNADE

Obwohl viele Christen – wie bei der Schuld – diese Ausführungen voll bejahen, wollen die Gefühle von Wertlosigkeit und mangelnder Selbstachtung oft nicht weichen. Sie sind außerordentlich bemüht, sich die richtigen Bibelverse einzuprägen, positiv zu denken und „zu werden, was sie eigentlich in Christus sind", aber sie sind im tiefsten nicht in der Lage, gut über sich zu denken. Wir wollen daher versuchen, die inneren Hindernisse zu untersuchen, die den Empfang der Gnade so schwer machen.

* Wir müssen uns selbst vergeben. Viele Christen werden in Abständen immer wieder von Gefühlen der Selbstablehnung heimgesucht, weil sie sich früher begangene Verfehlungen nicht vergeben haben. Sie bezeichnen sich zwar als Christen, die glauben, daß Christus für ihre Sünden gestorben ist und denen Gott vergeben hat. In Wirklichkeit bestrafen sie sich aber für etwas, das sie immer wieder langsam vor ihrem inneren Auge ablaufen lassen und was dann dazu führt, daß sie ärgerlich auf sich sind und sich ständig herabwürdigen.

Wir haben auf die Vergebung hingewiesen, die Josef seinen Brüdern gewährte. Das ist aber nicht das einzige, was an dieser Geschichte bemerkenswert ist. Lesen wir einmal 1. Mose 45, in der uns Josefs ungewöhnliche Empfindsamkeit vor Augen geführt wird. Josef, überwältigt von seinen eigenen Gefühlen, hatte sich gerade seinen fassungslosen Brüdern zu erkennen gegeben. Ihr gemeines Verbrechen stand ihnen wieder vor Augen, und sie wußten, daß er die Macht hatte, sie alle dafür hinrichten zu lassen. In diesem bewegenden Augenblick hätte Josef nur an sich denken und seinen eigenen Gefühlen freien Lauf lassen können. Doch mit unglaublichem Einfühlungsvermögen erkannte er, daß es nicht leicht für sie sein würde, wirklich an seine Vergebung zu glauben und diese anzunehmen. So entschloß er sich, nur im Interesse seiner Brüder zu handeln und sie dazu zu bringen, daß sie *seine Vergebung annehmen* konnten. Er sagte: *Ich bin euer Bruder Josef, den ihr nach Ägypten verkauft habt. Erschreckt nicht und macht euch keine Vorwürfe deswegen. Gott hat mich hierher nach Ägypten gebracht, um euer Leben zu retten (1. Mose 45,5, GN).* Anders ausgedrückt sagte er: „Haßt euch nicht für das, was ihr getan habt. Ich vergebe euch nicht nur, sondern Gott hat es gefallen, euer Vergehen in Gutes umzuwandeln – in Gutes zu eurem Wohl."

Wenn Josef das zu seinen Brüdern sagen konnte, wieviel mehr sagt dann Christus, unser großer Bruder, zu uns allen: „Hört auf, traurig zu sein und euch wegen irgendeiner früheren Sünde zu verabscheuen. Ich bin für alle eure Sünden gestorben, auch für jene, die euch so zu schaffen macht. Zeigt mir, daß ihr mein Geschenk der Vergebung annehmt, indem ihr euch selbst vergebt. Wenn ihr euch weiter wegen eurer Sünden ablehnt, zeigt ihr mir damit, daß ihr meinen Tod am Kreuz nicht ernst nehmt, ja ihr bringt dadurch zum Ausdruck, daß eure Sünden größer sind als die Kraft Gottes. Für so übermächtig haltet ihr sie, daß ihr meint, Gott könne unmöglich noch etwas Gutes daraus entstehen lassen. Ihr dreht Gottes Wort buchstäblich um, so daß es heißt: *Wo die Gnade mächtig geworden ist, ist die Sünde übermächtig geworden.*

Auf diesem Gebiet sind oft besondere Gebete um Heilung nötig. Dabei versuchen wir uns in einer Art christlicher Therapie zu vergegenwärtigen, wann und wie Jesus Menschen aus ihrer Not herausgeholfen hat. Dieses Hineinversetzen in bestimmte Situationen hat nichts mit menschlicher Einbildungskraft zu tun. Immer wird die Bibel zugrunde gelegt, indem zum Beispiel ein bestimmtes Gleichnis Jesu oder ein in den Evangelien berichtetes Ereignis aus seinem Leben aufgefrischt wird. Lassen Sie mich in diesem Zusammenhang von der Erfahrung einer Frau berichten, die von einer Bindung geheilt wurde, unter der sie lange gelitten hatte.

Die betreffende Art von Therapie half mir, einige schmerzliche Erinnerungen bei mir aufzuspüren, die mein geistliches Wachstum lange Zeit hindurch blockiert hatten. Die ganzen Jahre hindurch hatte ich mich als die Sünderin von damals gesehen und mich selbst gleichsam mit Steinen beworfen. Mir wurde dazu verholfen, daß ich mit Jesus in bestimmte Situationen meiner Vergangenheit zurückgehen konnte. Die Frage Jesu lautete: *Frau, wo sind jene? Hat niemand dich verurteilt? . . . So verurteile auch ich dich nicht. Geh hin und sündige nicht mehr!* Ich verhalte mich mir selbst gegenüber jetzt so, wie Jesus es in der jeweiligen Situation getan hätte. Er ist ein soviel besserer Herr und Heiland als ich . . . Es ist für mich in den vergangenen Monaten um vieles leichter geworden, Jesus als Heiland zu akzeptieren. Ihn als Herrn anzunehmen, fällt mir noch schwer. Aber ich wurde gelehrt, mein Problem im Licht realer Ereignisse zu sehen, und kann deshalb auch in dieser Beziehung schon Heilungsfortschritte bei mir erkennen."

* Wir müssen begreifen, daß wir auf unsere negativen Empfindungen verzichten können. Oft geben mir Christen zur Antwort, wenn ich sie frage, weshalb sie die Verbindung von vergangener Schuld und momentaner Selbstverachtung so hartnäckig beibehalten: „Würde ich mir selbst gegenüber nicht so empfinden, fiele ich wahrscheinlich wieder in Sünde. Ich brauche das einfach, damit ich nicht rückfällig werde. Nicht auszudenken, was sonst mit mir geschehen könnte!"

Hier wird der falsche Stellenwert deutlich, den diese Christen der Schuld und Selbstverdammung geben. Diese negativen Gefühle nehmen im Leben von Menschen einen breiten Raum ein, die fern von Christus sind. Das Gesetz hat nicht den Zweck, Menschen durch treue Befolgung der Gebote zu erretten, sondern es dient dazu, daß sie ihren sündigen und verlorenen Zustand erkennen und zu Jesus Christus, ihrer einzigen Hoffnung, gezogen werden.

Darum: aus Gesetzeswerken wird kein Fleisch vor ihm gerechtfertigt werden; denn durch Gesetz kommt Erkenntnis der Sünde . . . Bevor aber der Glaube kam, wurden wir unter Gesetz verwahrt, eingeschlossen auf den Glauben hin, der geoffenbart werden sollte. Also ist das Gesetz unser Zuchtmeister auf Christus hin geworden, damit wir aus Glauben gerechtfertigt würden. Nachdem aber der Glaube gekommen ist, sind wir nicht mehr unter einem Zuchtmeister (Römer 3,20; Galater 3,23-25).

. . . Sobald wir in Christus sind, verlieren Schuld, Selbstverurteilung und Selbsthaß ihre Funktion im Dienst der Gerechtigkeit. Es dauert gewöhnlich eine Weile, bis wir das begriffen haben, doch früher oder später muß es dahin kommen, daß wir von der Liebe motiviert werden.

Gibt es denn das Gesetz nicht mehr? Ist es abgeschafft worden? Was meint Paulus damit, wenn er sagt, daß wir *nicht mehr unter dem Gesetz, sondern unter der Gnade* sind? (Römer 6,14-15). Jesus sagt von sich, er sei gekommen, um das Gesetz zu erfüllen (Matthäus 5,17). Worin besteht dann für uns diese Freiheit vom Gesetz? Paulus weist darauf hin, daß wir frei vom Fluch des Gesetzes und seinen rituellen Vorschriften sind (Galater 5,1-6). Das befreit uns nicht von den ethischen Verpflichtungen des Gesetzes, die wir Gott, uns selbst und anderen Menschen gegenüber haben. Sie werden aber jetzt auf eine ganz andere Weise erfüllt, *damit die Rechtsforderung des Gesetzes erfüllt wird in uns, die wir nicht nach dem Fleisch, sondern nach dem Geist wandeln (Römer 8,4). So ist nun die Liebe die Erfüllung des Gesetzes (Römer 13,10).*

Biblisch betrachtet, leben Christen, die ihre Schuld- und Minderwertigkeitsgefühle festhalten, noch immer unter dem Fluch, dem Stachel und der Macht des Gesetzes. Psychologisch läßt sich das leicht nachweisen, denn der Gedanke, Furcht, Schuld und Selbstverurteilung könnten uns vom Sündigen abhalten und uns auf diesem Wege inneren Frieden und Freude geben, widerspricht jeglicher Erfahrung. Wer so lebt, ist voll innerer Unruhe und wird auf seltsame und scheinbar unwiderstehliche Weise gerade zu den Sünden getrieben, die er am meisten zu meiden versucht. Weshalb ist das so? Weil Schuld und Selbstverdammung nicht dazu gedacht sind, Christen in ihrem Leben zu motivieren. Hinter Selbstverdammung und Selbsthaß verbirgt sich Furcht. Und Furcht ist tatsächlich das selbstbezogenste Gefühl, das es gibt. Wenn wir die Furcht daher als Abwehrmittel gegen die Sünde in unserem Leben einsetzen, wird sich unsere Selbstbezogenheit und Angst dadurch nur verstärken. Das angebliche Heilmittel verschlimmert die Krankheit noch und läßt uns das angestrebte Ziel nicht erreichen.

Schuldgefühl und Selbstablehnung benutzt Gott als Kurzzeittherapie, um uns gleichsam aus unseren Sünden herausschütteln und uns zu Christus zu ziehen. Sie sind als Hilfsmittel für den Hundertmeterlauf geeignet, nicht aber für den Marathonlauf unseres Lebens, für den wir mit Ausdauer gerüstet sein müssen (Hebräer 12,1).

Im Laufe der Jahre habe ich erlebt, wie wunderbar die Kraft Jesu befreit und aus dem Gefängnis der Schuld herausführt. Ich habe aber auch die bewahrende und mahnend-hemmende Kraft seiner Liebe und Gnade erfahren.

In Augenblicken der Versuchung halten uns nicht Schuldbewußtsein und Selbstverurteilung auf dem rechten Kurs, sondern das tiefe Wissen um Gottes bedingungslose Liebe und Gnade, das, was Thomas Chalmers „die vertreibende Macht einer neuen Liebe" genannt hat.

GOTTES VERGEBUNG SCHAFFT EIN ZUHAUSE

Evelyns ganze Geschichte würde viele Seiten füllen, weil Gott sie buchstäblich aus der Gosse gezogen hat. Ihre Jugend war gezeichnet von seelischen, körperlichen und sexuellen Mißhandlungen. Um von zu Hause fortzukommen, heiratete sie sehr früh, tauschte dabei aber die bisherigen Probleme nur gegen andere ein. Bald schon war sie wieder geschieden. Erfüllt von einem geradezu unbändigen Verlangen, von Männern beachtet und geliebt zu werden, ließ sie sich auf immer neue Abenteuer ein. Schließlich lernte sie durch einen christlichen Mitarbeiter eine Gruppe liebevoller Christen kennen, durch die sie zum Herrn fand. Nach ihrer Bekehrung wurde ihr deutlich, daß Gott von ihr wollte, daß sie ihre Ausbildung beendete. Als Studentin kam sie dann zu mir in die Beratung. Nicht nur die seelischen Verletzungen ihrer Kindheit, sondern auch einige ihrer eigenen Sünden hatten tiefe Spuren in ihrem Leben hinterlassen, die aber durch die rettende, heiligende und heilende Kraft der vergebenden Gnade allmählich verschwanden. Sie spürte, daß sie in bezug auf ihren geradezu zwanghaften Drang nach Männern am wachsamsten sein mußte, und wurde sich darüber klar, daß sie in gewissem Sinn immer noch nach einem Vater Ausschau hielt.

Evelyn schaffte ihr Examen und bekam eine gute Anstellung als Sekretärin. Weil sie gewissenhaft und fleißig war, kam sie schnell vorwärts und wurde bald zur Chefsekretärin des Firmenleiters ernannt. Das bedeutete, daß sie während der offiziellen Bürozeit und oft auch darüber hinaus mit ihm zusammenarbeitete. Obwohl der Mann verheiratet war und Kinder hatte, fühlte sie sich sehr zu ihm hingezogen. Zwar wurde nie darüber gesprochen, aber beide spürten, was vorging.

Als er sie eines Tages bat, sie auf einer Geschäftsreise zu begleiten, wußte sie instinktiv, was er damit meinte. Sie betete und weinte vor Gott, doch die altbekannte Leere schien sie wie in einem Strudel mit sich zu reißen, dem sie hilflos ausgeliefert war.

Als sie am zweiten Abend miteinander essen gingen, sprach er offen darüber, was er für sie empfand. Sie sagte ihm, daß sie seine Gefühle erwidere, und erklärte sich bereit, nach Beendigung der Geschäftssitzung mit auf sein Zimmer zu kommen. Während der abendlichen Sitzung tobte ein schrecklicher Kampf in ihr, über den sie später schrieb:

Es war wie Seilziehen – und ich war das Seil. Als der Kampf vorbei war, zitterte ich wie Espenlaub, doch dann breitete sich ein tiefer innerer Friede in mir aus. Es war wirklich „der Friede, der höher ist als alle Vernunft", denn ich konnte selbst nicht begreifen, was in mir vorging. Als wir den Versammlungsraum gemeinsam verließen, blieb ich stehen und sagte: „Jim, ich bewundere dich mehr als jeden anderen Mann, den ich kenne. Heute nacht sehne ich mich so nach dir, daß es mir geradezu wehtut. Ich bin schuld, daß es so weit gekommen ist, Jim. Bitte vergib mir. Aber ich mußte an einen Mann aus Kentucky denken, der mir einmal gesagt hat, wie sehr Gott mich liebt, und dem ich geglaubt habe. Jetzt kann ich einfach nicht gegen diese Liebe verstoßen. Gott hat soviel in meinem Leben bewirkt, daß mir seine Liebe einfach zuviel bedeutet."

Evelyn hatte das Geheimnis für sich entdeckt, daß die bedingungslose Liebe und unverdiente Gnade Gottes uns in der Versuchung festbleiben läßt.

Haben Sie je bemerkt, daß die neutestamentlichen Appelle an ein gerechtes, geheiligtes Leben sich nicht auf das Gesetz berufen, sondern immer in bezug stehen zum Mitmenschen? Selbst in Bibelversen mit langen Sündenlisten findet man keinen Hinweis darauf, daß Schuldgefühle dazu gedacht sind, Christen in Schach zu halten. Fast immer wird dagegen das persönliche, auf Gnade und Liebe beruhende Verhältnis zum Herrn hervorgehoben. Jesus selbst sagte: *Wenn ihr mich liebt, so werdet ihr meine Gebote halten (Johannes 14,15).* Viele Christen verdrehen diese Aussage, so daß es bei ihnen heißt: „Wenn du alle meine Gebote hältst, dann liebe ich dich (vielleicht)." Da der Heilige Geist in uns wohnt, werden wir befähigt zu einem gerechten Leben. Der Appell der Liebe findet Widerhall bei uns. Denn wie könnten wir gegen Gottes Geist verstoßen, ohne in Gefahr zu geraten, die Gemeinschaft mit dem Herrn wieder zu verlieren?

In Epheser 4,30 heißt es: *Und betrübt nicht den Heiligen Geist Gottes, mit dem ihr versiegelt worden seid auf den Tag der Erlösung hin.* In 1.Thessalonicher 5,19 werden wir gewarnt, den Geist nicht *auszulöschen. Berauscht euch nicht mit Wein, worin Ausschweifung ist, sondern werdet voll Geist*es, lesen wir in Epheser 5,18. Das heißt, daß nicht der Geist des Weins, sondern der Geist Gottes uns beherrschen soll. Es wird nicht an Angst, Schuld und Verdammung appelliert, um uns vom Sündigen abzuhalten, sondern unsere Gerechtigkeit kommt aus dem von Liebe, Gnade und Dankbarkeit gekennzeichneten Verhältnis zum lebendigen Gott. Es heißt folglich nicht: „Halte ein unpersönliches Gebot", sondern: „Verhalte dich so, daß du nicht gegen eine liebevoll-persönliche Beziehung verstößt."

Die Meinung, wir müßten Schuldgefühl und Selbstablehnung beibehalten, um gegen das Böse gefeit zu sein, ist unbiblisch. Gewöhnlich rührt dies noch aus einer Zeit unseres Lebens her, als wir Bedingungen als Druck- und Erziehungsmittel erfuhren und sich diese Gefühle bei uns einstellten. Hiermit wollen wir zum Thema des nächsten Kapitels überleiten, in dem es um Störungen des Selbstwertgefühls geht, die als Folge seelischer Verletzungen auftreten. Auch hier werden wir sehen, wie Gottes vergebende Gnade Heilung und Gesundung bewirkt.

Kapitel 10

Selbstwertgefühl und Gnade

Im Dezember 1985 erschien in den USA ein Zeitungsartikel über einen zwölfjährigen Jungen, der von seinen Klassenkameraden eine Werbekarte der Firma Topps Chewing Gum bekommen hatte, auf der zu lesen stand: „Auszeichnung für den beliebtesten Schüler." Man hatte den Namen des Jungen hinzugeschrieben und ihm die Karte auf den Platz gelegt. Der Verfasser des Artikels hatte hauptsächlich die Firma Topps wegen dieser Karten kritisiert. Diese hatte die Kritik aber mit dem Hinweis zurückgewiesen, es sei nichts weiter als eine Art Satire, ein harmloser Spaß. Der Lehrer des Jungen und der Rektor der Schule waren anderer Ansicht. Sie sagten, man hätte den Jungen dadurch sehr verletzt. Was den Schreiber des Artikels am meisten überraschte und beeindruckte, waren die vielen Briefe erwachsener Leser, in denen von den seelischen Verletzungen die Rede war, die sie durch ähnlich „unschuldige Kinderstreiche" erlitten hatten. Die meisten von ihnen – selbst ältere Menschen – hatten immer noch mit Minderwertigkeitsgefühlen zu tun, die auf solche Jugenderlebnisse zurückzuführen waren. Der Zeitungsartikel trug die Überschrift: „Der nie endende Schmerz."

Was mich an dem Artikel überraschte, war das Erstaunen des Verfassers, denn schon im Mai 1986 hatte eine Erhebung in den USA ergeben, daß ein Drittel aller Amerikaner an Störungen des Selbstwertgefühls leiden. Für ihn ist es die am meisten verbreitete seelische Erkrankung unserer Zeit.

Im folgenden wollen wir sehen, wie wir mit Gottes Hilfe die inneren Barrieren überwinden können, die der Heilung dieser schmerzlichen seelischen Störung im Wege stehen.

FALSCHE SELBSTEINSCHÄTZUNG

Wenn wir wirklich wiedergeborene Kinder Gottes sind, kommt das Gefühl von Wertlosigkeit und niedriger Selbsteinschätzung nicht von Ihm, dem großen „Ich bin", sondern aus unseren eigenen falschen Meinungen über uns selbst. Lassen Sie mich das erklären.

Wie wir feststellten, ist das Zuhause wie ein Spiegel, in dem wir unseren Selbstwert erkennen. Wir wir uns selbst sehen, bewerten oder abwerten, hängt weitgehend von dem ab, was die Menschen über uns denken, die uns wichtig sind. Dies gilt besonders für die ersten Entwicklungsjahre. Zweifellos gibt es angeborene Unterschiede zwischen Kindern. Die einen sind von Geburt an äußerst empfindsam und verfügen gleichsam über ein eingebautes Radarsystem, das ihnen auch die kleinsten Einzelheiten in der Familie vermittelt. Andere kommen mit einer völlig anderen Antenne zur Welt, die eher das Feste und Beständige registriert.

Obwohl diese Unterschiede erkennen lassen, inwieweit Kinder empfänglich sind, gibt es einige angeborene Bedürfnisse, die für alle gleich sind. Ich bin überzeugt, daß die schlimmste Folge elterlichen Fehlverhaltens das tief verletzte Selbstwertgefühl der Kinder ist. Ob dies unbewußt oder mit Absicht, indirekt oder direkt, durch Entzug oder Ablehnung geschieht, immer sind Minderwertigkeitsgefühle die Folge falscher Behandlung. *Wie Eltern das Kind einschätzen, schätzt es sich später selbst ein.* Ich möchte diese Aussage aber nicht nur auf die Eltern oder Pflegeeltern beschränken. Andere Familienmitglieder, Nachbarn, Gleichaltrige, Lehrer und Mitarbeiter in der Gemeinde spielen ebenfalls eine große Rolle. Doch zweifellos liegt das Hauptgewicht bei den Eltern. Dabei ist es keinesfalls nötig, die Ablehnung direkt auszusprechen. Die Kinder ziehen aus der gesamten Persönlichkeit der Eltern ihre Schlüsse, aus ihrer inneren und äußeren Haltung, die sie ihnen gegenüber einnehmen, und der Atmosphäre, die sie verbreiten.

In der englischen King James Bibelübersetzung wird das Wort „conversation" (Gespräch) noch in der Bedeutung von „Umgang" gebraucht. Es geht dabei um mehr als das verbale Gespräch; gemeint ist die gesamte Lebensart, das, was sich anderen durch unser Verhalten mitteilt. Aus der Art und Weise, wie wir mit den Kindern umgehen (Haltung, Handlung, Gesichtsausdruck, Stimmlage usw.) ziehen sie nach und nach Schlüsse auf sich selbst. Auch nachdem die ursprünglichen Bezugspersonen schon lange fort sind – durch Wegzug, Scheidung oder gar durch Tod –, machen sich die Folgen falscher Selbsteinschätzung noch immer als Gefühle von Minderwertigkeit und Selbstablehnung bemerkbar, die unser ganzes Leben überschatten können. In meinem Buch *Putting Away Childish Things* (Befreit vom kindischen Wesen) bin ich gewissen Aussagen nachgegangen, die Kindern so zu schaffen machten, daß sie sich zu verhaltensgestörten Erwachsenen entwickelten. Es waren Sätze wie: „Nimm dir ein Beispiel daran", „Mutige Jungen weinen nicht" und „Du schaffst es nie." Inzwischen weiß ich aus meiner Beratungspraxis, daß es wesentlich mehr Aussagen gibt, die zu Minderwertigkeitsgefühlen führen. Einige möchte ich hier folgen lassen:

Du hast kein Recht, so zu denken.
Wenn du nichts Nettes sagen kannst, sag lieber gar nichts.
Warum machst du immer solche Sachen?
Du weißt immer, wie man etwas falsch macht.
Warum bist du bloß so dumm/ungeschickt/taub/langsam/albern?
Du brauchst nur ab und zu deinen Verstand einzuschalten.
Ich kann nicht glauben, daß du das gemacht hast.
Warum bist du nicht mehr wie deine Schwester/dein Bruder?
Was soll nur noch aus dir werden.
Du wirst allmählich wie . . .
Was in aller Welt ist los mit dir?
Was soll Jesus von dir denken, wenn du das tust?
Gott mag keine ungezogenen kleinen Jungen/Mädchen/Kinder.
Jetzt mußt du die Hausfrau/der Mann sein.
Zeig bloß keinem dein wahres Gesicht.
Wärst du doch ein Junge/Mädchen geworden.
Du warst schon ein Ärgernis, bevor du auf die Welt kamst.
Nichts als Ärger hat man mit dir.
Ich wünschte, du wärst nie geboren worden.
Wir bleiben nur deinetwegen zusammen.
Wenn ich wüßte, daß es dir wirklich leid tut, würde ich dir vergeben.
Ich habe die Nase voll von dir.
Du machst mich krank.
Wie konntest du das tun – nach allem, was wir für dich getan haben?
Du hättest wissen müssen, daß man keinem Mann /keiner Frau trauen darf.
Kannst du denn nie etwas richtig machen?
Kein Wunder, daß du keine Freunde hast.

Beachten Sie, daß die meisten dieser kritischen Bemerkungen den Charakter betreffen, was in bezug auf unsere Selbstachtung von großer Bedeutung ist. Psychologen haben ein Punktesystem zur Bewertung positiver und negativer Äußerungen.

Positive Kritik festigt die Persönlichkeit. Wurde *das Tun* gelobt, gaben die Fachleute einen Punkt; bezog sich das Lob auf *den Charakter*, erhöhte sich die Zahl auf zehn Punkte.

Negative Äußerungen schwächen die Persönlichkeit. Wurde das Tun kritisiert, so gab es zehn Punkte; betrafen die negativen Äußerungen den Charakter, wurde dies mit hundert Punkten bewertet!

Ich kann das aus meiner eigenen Beratertätigkeit nur bestätigen. Menschen erinnern sich an eine einzige kritische Äußerung oft mehr als an ein ganzes Arsenal von Komplimenten. Dabei gehen positive oder negative Äußerungen, die sich um das Wesen des Menschen drehen, wesentlich tiefer als solche, die nur sein Tun betreffen. Es ist deshalb leicht zu verstehen, warum abwertende Urteile über unser Wesen sich so verhängnisvoll auf unser Selbstwertgefühl auswirken. Sie verletzen uns nicht nur oberflächlich, wie es kritische Bemerkungen über unser Verhalten tun. Sie treffen uns tief in unserem Inneren, dem Sitz unserer Meinungen und Gefühle über uns selbst.

Wenn Eltern, die sonst liebevoll und gerecht mit den Kindern umgehen, aus momentaner Erschöpfung oder Gereiztheit falsch reagieren, so ist das von den Kindern noch zu verkraften. Wenn das gesamte Verhalten und die Atmosphäre im Elternhaus aber von Kritik geprägt ist, kann dies schlimme Auswirkungen auf das kindliche Selbstbewußtsein haben. Ständig klingt dann in der einen oder anderen Weise die Botschaft durch: „*Du* taugst nichts, *du* bist schlecht, *du* hast schuld, *du* bist ein Versager und wirst es nie zu etwas bringen im Leben." Dies kann dann gleichsam zur inneren Stimme unseres Selbstbildes werden, so daß wir schließlich sagen: „Ich tauge nichts, *ich* bin schlecht, *ich* bin schuld, *ich* bin ein Versager und werde es nie zu etwas bringen im Leben."

In ihrem ausgezeichneten Buch *The Blessing* (Bitte segne mich!) vertreten Gary Smalley und John Trent die Auffassung, daß wir in emotioneller und psychologischer Hinsicht alle auf *Segen*, das heißt, auf das Wissen angelegt sind, daß jemand uns in dieser Welt bedingungslos liebt und akzeptiert. Weil die Eltern in den Entwicklungsjahren unseres Lebens für uns so wichtig sind, haben wir ihre segnende Zuwendung besonders nötig, und es tut weh, wenn wir sie nicht bekommen. Die Autoren weisen auf fünf Elemente hin, aus denen dieses biblische Segnen besteht: 1. die besondere Berührung, 2. das gesprochene Wort, 3. die Zuerkennung eines hohen persönlichen Wertes, 4. das Ausmalen einer besonderen Zukunft, 5. der praktizierte persönliche Einsatz.

Damit ist treffend beschrieben, was gute Eltern auszeichnet. Elterliches Fehlverhalten dagegen löst genau das Gegenteil aus und ist eher ein Fluch als ein Segen. Dazu gehört:

* *Alkoholismus.* Es gibt in den USA ungefähr zwölf bis fünfzehn Millionen Alkoholiker. Jede diesbezügliche Untersuchung hat bisher bestätigt, daß die Nachkommen von Alkoholikern als Erwachsene mit schweren Minderwertigkeitsgefühlen zu kämpfen haben. Ein alarmierend hoher Prozentsatz von ihnen verfällt selbst dem Alkohol oder geht Ehen mit Alkoholikern ein.

* *Zerbrochene Ehen.* Anfang der 90er Jahre wird die Hälfte aller Kinder in den USA aus geschiedenen Familien stammen. Eine staatliche Untersuchung vom Januar 1988 hat ergeben, daß ein Viertel aller Kinder in den USA bereits von nur einem Elternteil betreut wird.

* *Schlüsselkinder.* Nach neuesten Untersuchungen kommen in den USA täglich dreizehn Millionen Kinder von der Schule, ohne jemand zu Hause anzutreffen. Das entspricht einem Viertel aller amerikanischen Elternhäuser. Aus dieser Untersuchung ging auch hervor, daß das Alleinsein der Kinder von den Lehrern als Hauptgrund ihrer schulischen Schwierigkeiten angesehen wird (CBS Evening News, 2. September 1987).

* *Mißhandlung.* Es ist fast unmöglich, die immer häufiger vorkommenden Mißhandlungen von Ehefrauen und Kindern statistisch festzuhalten. Auch die registrierten Fälle von sexuellem Mißbrauch von Kindern haben sich in weniger als einem Jahrzehnt verdoppelt.

In vielen Fällen sind es hauptsächlich die Beschimpfungen, die unser Selbstwertgefühl beeinträchtigen. Die Bibel hat recht: wir sind so, wie wir in unserem Herzen denken. Paulus spricht in Epheser 1,18 von „den Augen des Herzens". Das ist ein guter Vergleich. Wir sehen uns gleichsam von den Tiefen unserer Persönlichkeit aus. Sind dort lauter negative Aussagen über uns gespeichert, dann wird unser Selbstwertgefühl entsprechend negativ geprägt sein.

Alle diese Faktoren können Selbstabwertung und Selbsthaß zur

Folge haben. Selbst geisterfüllte Christen haben oft noch darunter zu leiden, so daß sie meinen, auch Gott lehne sie ab. Der erste Schritt zur Heilung besteht darin, daß wir die Ursache unserer Minderwertigkeitsgefühle herausfinden und begreifen, daß Gott genauso traurig ist darüber wie wir selbst. Er möchte nicht, daß wir uns selbst verabscheuen, sondern begreifen, wie sehr wir von ihm geliebt sind. Dann bekommen wir eine völlig neue Sicht für uns selbst, und die Selbstablehnung muß weichen.

Im Johannes-Evangelium finden wir die sieben großen Selbstaussagen Jesu. Er sagt von sich: „Ich bin" das Brot des Lebens (6,35), das Licht der Welt (8,12), die Tür (10,7), der gute Hirte (10,11), die Auferstehung und das Leben (11,25), der Weg, die Wahrheit und das Leben (14,6) und der wahre Weinstock (15,1). Nur Jesus als fleischgewordener Sohn Gottes hatte das Recht, sich so zu bezeichnen, denn er ist das große „Ich bin". Der Kirchenvater Augustinus sagte einmal, daß wir Menschen eigentlich kein Recht haben, „ich bin" zu sagen, weil wir nie wirklich sind, sondern uns ständig im Werden befinden. Welch ein ermutigendes Wort! Gottes Gnade läßt uns zu neuen Menschen werden. Es ist deshalb höchste Zeit, daß wir alle falschen Prägungen hinter uns lassen.

Kürzlich erhielt ich einen Brief von einer Frau, die sehr unter Minderwertigkeitskomplexen litt, obwohl sie dem Herrn schon seit vielen Jahren nachfolgt. Sie schrieb: „Sechs Worte aus Ihrem Buch haben mein Leben verändert – ‚Sie bedeuten dem Herrn unendlich viel'. Ich hatte immer nur daran gedacht, wieviel *der Herr* mir bedeutete, doch war mir noch niemals aufgegangen, daß *ich* ihm wichtig war. Als ich das wirklich begriffen hatte, bekam ich einen ganz neuen Blick für mich selbst."

Gott ist nicht wie ein gemeiner oder neurotischer Vater, der den Drang hat, seine Kinder zu erniedrigen. Im Gegenteil, es freut ihn, wenn er sie ermutigen und ihnen zu einem gesunden Selbstwertgefühl verhelfen kann. *Seht, welch eine Liebe uns der Vater gegeben hat, daß wir Kinder Gottes heißen sollen! Und wir sind es (1. Johannes 3,1). Darum schämt sich Gott ihrer nicht, ihr Gott genannt zu werden (Hebräer 11,16).*

HEILUNG BEGINNT IM INNEREN

Unsere Minderwertigkeitsgefühle werden nicht von uns abfallen, indem wir etwas erreichen oder von außen bekommen. Die Heilung muß von innen kommen, weil es sich um ein tiefsitzendes Problem handelt.

Ich habe die zerstörerischen Folgen lieblosen Verhaltens mit Absicht so ausführlich behandelt. Ob die Ursachen nun im häuslichen, schulischen, kirchlichen oder sozial-kulturellen Bereich liegen, immer ist ein tiefgreifendes Gefühl von Wertlosigkeit und Selbstablehnung die Folge. Die hierfür gebräuchliche Bezeichnung „Minderwertigkeitskomplex" trifft die Sache nicht ganz. Wenn jemand sagt: „Ich fühle mich minderwertig" oder: „Ich fühle mich ungeeignet", so verbirgt sich das alte Spiel des Vergleichens dahinter, bei dem immer das Tun im Mittelpunkt steht. Eigentlich müßte es heißen: „Verglichen mit . . . fühle ich mich minderwertig. Er schafft es viel besser als ich" oder „Ich fühle mich ungeeignet für etwas", (was andere sicherlich besser könnten). Das Minderwertigkeitsgefühl entsteht also, weil wir glauben, etwas nicht gut genug zu tun.

Wir haben es hier mit einem ernstzunehmenden Problem zu tun, weil das Minderwertigkeitsgefühl sich nicht auf das Tun beschränkt, sondern tiefe Auswirkungen auf die Persönlichkeit des Menschen hat, so daß er schließlich meint: „Ich *bin* wertlos und werde abgelehnt. Mein Tun offenbart nur, wer ich wirklich bin. An meinem Versagen und unmöglichen Verhalten können die Leute *ablesen*, was ich schon längst über mich weiß." Solche Menschen gehen grundsätzlich davon aus, daß niemand sie wirklich mag. Gleichgültig, wie hoch sie auf der Erfolgsleiter kommen und wie sehr man sie lobt, sie fühlen sich kein bißchen besser. Ständig sind sie sich ihrer Wertlosigkeit und Unbeliebtheit bewußt. Das Minderwertigkeitsgefühl gehört bereits zu ihrer Persönlichkeit, und kein noch so gutes und anerkennenswertes Tun vermag das zu ändern.

Anders läßt sich die Tatsache nicht erklären, daß es sie so wenig berührt, wenn sie wegen offensichtlicher Erfolge oder wahrhaft christlichen Verhaltens gelobt werden. Sie hören zwar zu, das Gesagte dringt aber nicht richtig zu ihnen durch, weil sie es nicht glauben können. Im Gegenteil, sie wehren ab und sind sehr erfindungsreich, wenn es darum geht, das Gehörte doch noch zu ihren Ungunsten auszulegen. Kommen Ihnen die nachfolgenden Aussagen vielleicht bekannt vor?

Die Leute wollen mir bloß einen Gefallen tun, weil ich ihnen leid tue.

Ich weiß, daß es nicht stimmt. Er will mich damit nur bei Laune halten. Ich will diese Art Mitleid nicht.

Mein Mann sagt mir nur, daß ich hübsch bin, damit ich mich besser fühle. Es wäre besser, er würde mir die Wahrheit sagen. (Solche Äußerungen kommen oft von wirklich hübschen Frauen.)

Meine Frau sagt, daß sie stolz auf mich ist; aber sie will mich damit nur trösten. (So hört man oft die erfolgreichsten Männer sprechen.)

Die Leute sagen das, weil sie mich nicht wirklich kennen.

Sie würden wahrscheinlich anders über mich denken, wenn Sie mich näher kennenlernen würden.

Ich gebe nichts auf Komplimente. Wenn du eine Null bist, bleibst du eine – egal, was man hinzufügt.

Ich war es wirklich nicht, der es getan hat; es war der Herr. (Zurückhaltende, perfektionistische Christen wehren Komplimente oft in dieser Weise ab, nachdem sie alles (Solostücke, Predigten oder sonstige Dienste) gut hinter sich gebracht haben.

Ich freue mich über das, was Sie mir sagen, aber schließlich sind Sie ja mein Seelsorger! (Mit anderen Worten: ich weiß, daß Sie versuchen, mir zu helfen, aber Sie sagen mir nicht die Wahrheit.)

Obwohl dieses tiefe Minderwertigkeitsgefühl aus dem Inneren kommt und niemals durch äußere Maßnahmen beseitigt werden kann, versuchen wir es trotzdem. Sehen wir uns einige dieser Wege an:

* *Die Jagd nach Erfolg.* Viele meinen, wenn sie auf irgendeinem Gebiet Erfolg hätten, könnten sie ihren Wert unter Beweis stellen. Sie wären Gott dann sicherlich angenehm, würden von Gott und anderen geliebt und das negative Gefühl, das sie über sich selbst haben, würde verschwinden. So arbeiten sie noch intensiver und bringen noch mehr Leistung. Doch alles Schaffen – selbst die größten Erfolge – führen zu keiner Besserung ihres Befindens. Der geringe Selbstwert, den sie sich selbst geben, verwehrt es ihnen einfach, die verdiente Bestätigung und Ermutigung anzunehmen. So beginnt der Teufelskreis von neuem und hält sie fester im Bann als je zuvor.

Ich möchte meine Erfahrungen nicht zum Maßstab machen, doch es scheint, daß Männer eher zu diesem Extrem neigen als Frauen. Männer identifizieren sich mehr mit ihrer Arbeit und denken deshalb eher daran, mit ihrer eigenen Leistung zu Ansehen und Selbstachtung zu gelangen.

* *Der Hunger nach Liebe.* Frauen tendieren besonders dazu, ihr Selbstwertgefühl durch die Liebe und Zuneigung anderer Menschen aufzubessern. Doch leider ist dieser Weg genauso unbefriedigend wie der vorherige. Wie viele meiner persönlichen Notizen beweisen, hindern ihre Selbstzweifel sie daran, die ihnen entgegengebrachte Zuneigung oder Liebe anzunehmen. Sie halten sich für so wenig liebenswert, daß sie meinen, selbst nichts geben zu können. Wieder hat sich ein Teufelskreis gebildet, der entweder in Überängstlichkeit, übergroßen Forderungen, übermäßiger Besitzergreifung oder einer äußerst kritischen Haltung zum Ausdruck kommt – bis hin zu übertriebener Liebenswürdigkeit und manchmal sogar zur Prostitution. Es mag Zeiten der Besserung geben, doch oft sind diese Menschen nicht in der Lage, die Beziehungen aufrechtzuerhalten, nach denen es sie so verzweifelt verlangt.

HEILUNG DER URSACHEN

Die Heilung muß bei den Ursachen unseres geschädigten Selbstwertgefühls einsetzen. Sind uns diese bewußt geworden, können sie aus der Welt geschafft werden, indem die heilende Gnade Gottes gleichsam eine Neuprogrammierung unseres Ichbewußtseins bewirkt. Ich möchte Ihnen das möglichst praktisch vor Augen führen. Lassen Sie mich deshalb so zu Ihnen sprechen, als seien Sie bei mir in der Sprechstunde:

* Haben Sie die besonders schmerzlichen Punkte in Ihrer Vergangenheit herausgefunden? Haben Sie sich den Dingen gestellt, die Sie für die Hauptursache Ihrer Minderwertigkeitsgefühle halten? Es ist äußerst wichtig, daß Sie mutig genug sind, die betreffenden Menschen und Ereignisse ehrlich ins Auge zu fassen und den Gefühlen nicht auszuweichen, die das in Ihnen auslöst. Die Gehirnforschung hat eindeutig bewiesen, daß nicht nur die Bilder aus unserer Vergangenheit, sondern auch die seinerzeit damit verbundenen Gefühle gespeichert werden. Wenn Sie also glauben, die Verletzun-

gen, Demütigungen, Verluste und Zurückweisungen aufgespürt zu haben, die Sie ertragen mußten, dann lassen Sie zu, daß der Schmerz darüber Sie noch einmal ergreift und vergegenwärtigen Sie sich Ihre damalige Reaktion auf diesen Schmerz. Dies soll nicht dazu dienen, anderen die Schuld zu geben oder sich der Verantwortung zu entziehen, sondern es hat den Zweck, daß Sie sich aufrichtig den Gefühlen stellen, die Sie vielleicht schon jahrelang verdrängen.

Am besten ist es, alles in Gegenwart einer Vertrauensperson im Gebet vor Gott zu bringen. Aber Sie können nichts vor Gott bekennen, was Sie sich nicht vorher selbst eingestanden haben. Wenn Sie einen anderen Menschen mit ins Vertrauen ziehen, so erreichen Sie Gott und sich selbst gegenüber ein größeres Maß an Offenheit und Aufrichtigkeit. Diese Art von Offenheit kann sehr schmerzlich sein. Es kommen vielleicht Gefühle in Ihnen hoch, die Sie schockieren werden. Doch Gott in seiner liebevollen Zuwendung ist niemals schockiert. Was immer wir auch vor ihn bringen – er schreckt nicht vor uns zurück und entzieht sich uns nicht. Seine Gnade ist immer umsonst. Er schenkt sie uns, ohne Bezug darauf zu nehmen, ob wir gut oder schlecht, würdig oder unwürdig sind.

Die größte Offenbarung der Gnade ist das Kreuz. Es besagt, daß Gott uns im Augenblick unserer größten Schande am meisten geliebt hat. Sehen Sie den schlimmsten und schmerzlichsten Erfahrungen Ihres Lebens mutig ins Auge! Gott, der Ihnen in Christus vergeben hat, wird Ihnen beistehen. Rufen Sie sich alles – und seien es die schlimmsten Demütigungen, Mißhandlungen und Enttäuschungen – in Erinnerung und durchleben Sie sie noch einmal. Doch damit nicht genug: Anschließend bringen Sie alles im Gebet vor Gott, vergeben jedem Menschen, der Ihnen wehgetan hat und lassen die ganze Last beim Herrn. Da Sie das vermutlich nicht allein schaffen, sollten Sie einen guten Freund, Pastor oder Seelsorger mit einschalten.

* Als Sie sich das erlittene Unrecht wieder ins Gedächtnis riefen, haben Sie da allen Beteiligten vergeben? So eigenartig es klingen mag: Abneigung und Haß binden uns weiter an die Menschen, die uns geschadet haben, und der damit verbundene Schmerz bleibt. Nur Vergebung und Liebe können uns von den schmerzlichen Erinnerungen und der negativen Bewertung unserer Vergangenheit be-

freien. Manchmal erfahren Menschen die heilende Gnade Gottes auf ganz ungewöhnliche Weise.

Arlene hatte eine außergewöhnlich niedrige Meinung von sich. Obwohl sie eine liebenswerte Christin war, die sich auf vielen Gebieten des kirchlichen Lebens einsetzte, hielt sie wenig von ihrem geistlichen Leben. Unsere Gespräche hatten sich hauptsächlich um ihre Mutter gedreht, eine tief religiöse Frau mit maßgeblicher Funktion innerhalb ihrer Gemeinde, doch überkritisch und perfektionistisch in ihrem Verhalten. Ständig hatte sich ein Strom kritischer Bemerkungen über Arlene ergossen. Als die Verletzungen und Demütigungen während unserer Gespräche wieder in ihr wachgerufen wurden, stießen wir auch an eine dicke Schicht Ablehnung gegen ihre Mutter, die sie sich aber noch niemals eingestanden hatte. An einem Tag schilderte sie alles so lebendig, daß ich mich des Eindrucks nicht erwehren konnte, daß das Verhältnis zu ihrer Mutter noch immer zu wünschen übrig ließ. Ich sagte deshalb zu ihr: „Ich denke, daß Sie die Nabelschnur zu Ihrer Mutter durchschneiden und aufhören müssen, sich mit solchen abschätzigen Bemerkungen füttern zu lassen." Ziemlich überrascht sah Arlene mich an. „Oh", sagte sie, „habe ich Ihnen nicht gesagt, daß meine Mutter schon seit über fünf Jahren tot ist?"

Ich war verwirrt und murmelte eine Entschuldigung. Anschließend merkte ich, wie Arlene sich innerlich verschloß. „Heute hast du die Sache aber gründlich verpatzt", dachte ich im stillen.

Bei ihrem nächsten Besuch sagte sie: „Sie wissen ja, daß ich von Beruf Krankenschwester bin, aber wissen Sie auch, wo ich meistens arbeite?"

„Leider nein", antwortete ich und erwartete irgendeine negative Bemerkung über unser letztes Treffen.

„Nun, die meiste Zeit verbringe ich im Kreißsaal und helfe bei den Geburten. Ich glaube, ich habe den Ärzten schon in Hunderten von Fällen beim Durchtrennen der Nabelschnur assistiert. Als Sie mir deshalb letzte Woche sagten, ich solle die Nabelschnur zu meiner Mutter durchtrennen, war ich regelrecht schockiert. Als ich nach Hause fuhr, stand mir eine tausend Meilen lange Schnur vor Augen, die von hier bis zum Grab meiner Mutter unten in Florida reichte. Ich habe sogar zweimal von dieser verrückten Schnur geträumt! Sie hatten völlig recht. In dieser Woche habe ich viel Zeit im Gebet verbracht, und der Herr hat mir Gnade geschenkt, daß ich ihr vergeben konnte. Ich habe auch Buße darüber getan, daß ich die ganzen Jahre hindurch Abneigung gegen sie gehegt und sie beschuldigt habe. Zu meinem Erstaunen beschäftigen mich ihre elenden Bemerkungen jetzt gar nicht mehr. Ich bekomme allmählich ein ganz neues Gefühl dafür, was ich eigentlich bin als Gottes Tochter, und lerne, so über mich zu denken wie er. Seitdem geht es mir von Tag zu Tag besser!"

Man kann die Vergebung in diesem Zusammenhang gar nicht stark genug betonen. Vergebung geschieht auf drei Ebenen: zunächst vergeben wir allen, die uns Unrecht getan und uns verletzt haben, dann empfangen wir Vergebung von Gott (und manchmal auch von anderen) wegen unserer falschen Reaktionen auf das von ihnen begangene Unrecht, und schließlich vergeben wir auch uns selbst und hören auf, uns immer wieder wegen vergangener Sünden zu beschuldigen.

Das stärkste Hindernis für Gottes Vergebung besteht darin, daß wir selbst nicht vergeben. Dies ist besonders wichtig, wenn es darum geht, die Ursachen von Schuldgefühlen, Minderwertigkeitskomplexen und Selbsthaß aufzuspüren. Gott hat es so eingerichtet, daß verborgene Ablehnung – selbst wenn sie unbewußt ist – in Form von Schuldgefühlen, Selbstanklagen und Minderwertigkeitsgefühlen auf uns zurückkommt. Oft finden wir nicht aus diesem Teufelskreis heraus, weil wir einander doch nicht von ganzem Herzen vergeben haben.

Viele schaffen es nicht allein, so sehr sie sich auch abmühen und Gott im Gebet um Hilfe bitten. Sollten Sie zu diesen Menschen gehören, dann möchte ich Sie herzlich bitten, Ihren Stolz beiseitezulassen und Hilfe bei einem seelsorgerlichen Menschen zu suchen.

Wollen Sie sich nun täglich dazu verpflichten, den Heiligen Geist darin zu unterstützen, daß er Sie umgestaltet und Ihnen ein neues Selbstwertgefühl gibt? Innere Heilung kommt nicht augenblicklich. Etwas davon leuchtet vielleicht in einem besonderen Augenblick der Gnade in uns auf, wenn wir Gottes Liebe auf einer neuen und tieferen Ebene erfassen. Ich möchte solche geistlichen Höhepunkte in keiner Weise herabmindern, denn leider neigen manche Pastoren und Seelsorger dazu, den Gefühlen zu wenig Beachtung zu schenken, weil es in manchen christlichen Kreisen zu einer schädlichen

Überbewertung der Emotionen gekommen ist. Es gibt Zeiten, in denen es einer tiefen emotionellen Erfahrung bedarf, um Menschen aus der tödlichen Umklammerung falscher Denkweisen zu erlösen und ihren Willen in Richtung neuer Entscheidungen freizusetzen. Ich habe oft miterlebt, wie Gott in dieser Weise an Menschen gearbeitet hat.

Doch das ist nur der Anfang. Das schwere Werk der Erneuerung unseres Denkens geht weiter. Tief eingegrabene falsche Ich-Konzepte sind schwer aus unserem Bewußtsein zu löschen. Dazu ist das tägliche Hören auf die mahnende Stimme des Heiligen Geistes unerläßlich. Bei meiner kürzlichen Knieoperation erfuhr ich, daß die Operation nur fünfzig Prozent der Heilung ausmacht. Die andere, nicht minder wichtige Hälfte besteht in der gewissenhaften Durchführung der Übungen, die mir der Physiotherapeut verordnet hat. Dies gilt auch für die therapeutischen Übungen im geistlichen Bereich, die sich an spontane Erlebnisse der heilenden Gnade anschließen.

In meinen Büchern habe ich oft Zitate aus dem bekannten Buch *Psycho-Cybernetics* (Psycho-Kybernetik) von Dr. Maxwell Maltz angeführt. Dr. Maltz, ehemals plastischer Chirurg, hat sich der Psychotherapie zugewandt, weil ihm bewußt wurde, daß es wenig Zweck hat, das Äußere eines Menschen zu verändern, solange sich sein Selbstbild nicht verändert hat.

Auch die Heilige Schrift spricht vom Ablegen des alten und Anziehen des neuen Menschen (Epheser 4,22-24) und ermahnt uns, unser Denken erneuern zu lassen (Philipper 4,8). Vielleicht setzen Sie sich eine dreiwöchige Frist, in der Sie den Heiligen Geist bitten, Ihnen Ihr wahres Gesicht zu zeigen – so, wie Sie wirklich sind und wie Sie nach seinem Willen werden sollen. Und dann machen Sie sich die Gedanken zu eigen, die Gott über Sie denkt: *Gedanken des Friedens und nicht des Zorns.*

Kapitel 11

Wut und Gnade

Immer gehört der innere Druck zum Leben des leistungsorientierten Christen. Er versucht krampfhaft, mit einem Ich zu leben, das ihm zuwider ist, mit einem Gott, der wenig liebenswert erscheint, und mit anderen, die schwer zu ertragen sind. Alles zusammengenommen, ist es der Zwang, in einer Falle gefangen zu sein, in der man sich unrealistischen, unmöglichen Forderungen gegenübersieht, die einem durch Gott, sich selbst und anderen Menschen auferlegt werden. Haben Sie schon einmal einen Goldhamster im Laufrad beobachtet? Je mehr er sich anstrengt, desto schneller rennt er; und je schneller er rennt, desto mehr muß er sich anstrengen, um der Geschwindigkeit des Rades zu entsprechen. Das Gefühl, gefangen zu sein, hat starke negative Gefühle zur Folge, die uns seelisch zermürben und geistlich mattsetzen.

WUT UND NIEDERGESCHLAGENHEIT

Mir sind bisher noch keine leistungsorientierten Christen begegnet, die nicht im tiefsten von Ärger geplagt waren. Das heißt aber nicht, daß ihnen dieser Ärger immer bewußt ist oder sie ihn offen zeigen. Im Gegenteil: sie erscheinen oft besonders beherrscht oder betont liebenswürdig. Doch beim näheren Kennenlernen tritt dieser verborgene Ärger unweigerlich zutage.

Die meisten Hilfesuchenden sind sich dieses Problems durchaus bewußt, denn ihr geistliches Leben leidet darunter, daß sie so oft Abneigung gegen Menschen empfinden und sich zu zornigen Reaktionen hinreißen lassen. Ihre scheinbar unkontrollierbaren Wutausbrüche belasten das Verhältnis zu ihren Arbeitskollegen, zu ihren Geschwistern in der Gemeinde und besonders zu ihren Familienangehörigen. Sie sind einfach ärgerlich, am meisten gegen sich selbst, weil sie es nicht schaffen, anders zu sein. Dies bringt sie natürlich in einen Teufelskreis, durch den ihre Schuldgefühle, ihr geringes Selbstwertgefühl und das Gefühl, ein Heuchler zu sein, noch verstärkt werden. „Wenn die Leute wüßten, wie ich wirklich bin und wie ich meine Frau und die Kinder angebrüllt habe!"

Dieser unerklärliche Ärger, diese kalte Wut ist der Hauptgrund für die so charakteristische Depression leistungsorientierter Menschen. Es ist nicht verwunderlich, daß viele weltliche Psychiater der Religion die Schuld geben, wenn sie so viele depressive, ängstliche und übergewissenhafte Christen unter ihren Patienten haben. Wenn unsere Beziehung zu Gott allerdings von unserer eigenen perfekten Leistung abhängig ist, dann *muß* uns das unweigerlich in die Depression und in wütende Hoffnungslosigkeit führen. Wir befinden uns dann nämlich in der Falle letzter Ungerechtigkeit, die uns keine Chance läßt und das Spektrum negativer Gefühle weiter vergrößert.

Dem Herrn sei Dank, daß unsere Beziehung zu ihm auf der vollkommenen Leistung Jesu beruht: sein Leben im vollkommenen Gehorsam und seinen Opfertod für unsere Sünden. Unser Glaube an ihn, das vertrauensvolle Annehmen der Gabe seiner Gerechtigkeit – trotz aller Sünden und Schwachheiten, die wir an uns entdecken – bewahrt uns vor Verzweiflung und Depression. Denjenigen, die sich noch in der Tretmühle der Perfektion befinden, möchte ich versichern, daß der Herr unsere Annahme nicht von einer vollkommenen Buße, einem vollkommenen Glauben oder einer vollkommenen Hingabe unsererseits abhängig macht. George Whitefield pflegte zu sagen: „Selbst über unsere Buße müssen wir noch Buße tun." Dies gilt für alles, was wir Menschen der Gnade selbst noch hinzufügen wollen. Der bekannte Vers aus *Markus 9,24: Ich glaube, hilf meinem Unglauben!* hat seine volle Berechtigung. Selbst unsere Hingabe sollten wir dem Herrn anbefehlen, weil auch sie nicht vollkommen ist.

Nachfolgend möchte ich einige praktische Ratschläge geben, wie wir von unserer Wut und Depression frei werden können. Stellen Sie sich einfach vor, Sie seien bei mir in der Sprechstunde:

* Finden Sie die verborgenen Ursachen Ihres Zorns heraus und erlauben Sie dem Herrn, alles mit seiner vergebenden Gnade zu durchdringen. Es ist sehr wichtig, daß Ihnen bewußt wird, wer oder was Sie so wütend macht. Der auslösende Faktor ist möglicherweise gar nicht bei den gegenwärtigen Umständen oder Personen zu suchen, sondern geht auf ein tiefersitzendes negatives Erlebnis zurück. Es ist ähnlich wie bei der Telefonvermittlung. Sobald der Stöpsel momentaner Ereignisse auf frühere Verletzungen trifft, leuchtet das gesamte System auf. Sie können dies zum Beispiel er-

kennen, wenn Ihre zornige Reaktion in keinem Verhältnis zum gegenwärtigen Anlaß steht. Manchmal ist es schwer, sich durch das verzweigte Labyrinth unseres Inneren vorzutasten, bis man zur eigentlichen Ursache gelangt.

Gladys und ihr Mann waren beide zum zweiten Mal verheiratet. Sie hatten in ihrer ersten Ehe ziemlich übereinstimmende Erfahrungen gemacht – ihre Ehepartner waren einfach mit jemand anderem durchgebrannt und hatten die Kinder bei ihnen gelassen. Beide waren einige Jahre hindurch unverheiratet geblieben, bis sie sich eines Tages in der Gemeinde begegneten und ein Paar wurden. Sie empfanden dies als eine wunderbare zweite Gelegenheit, die Gott ihnen gab, um sich als christliche Familie zu bewähren. Alle waren sehr glücklich miteinander, und die Kinder kamen erstaunlich gut miteinander aus. Nur ein Problem gab es. Gladys war es unverständlich, wieso sie sich von ihrem Stiefsohn Mike immer so vor den Kopf gestoßen fühlte. Dabei war er kein schwieriges Kind, sondern liebevoll und gehorsam zu ihr. Doch Gladys empfand eine seltsame Abneigung gegen ihn, so daß sie ihn barsch behandelte und ständig zu hohe Forderungen an ihn stellte. Natürlich beeinträchtigte das mit der Zeit ihr Ehe- und Familienleben, obwohl die Eheleute offen darüber sprachen und Gladys ihr Problem oft schon unter Tränen vor Gott ausgebreitet hatte. Auch wir sprachen und beteten mehrmals darüber, fanden den Schlüssel aber ebenfalls nicht.

Eines Tages kamen wir auf ihren ersten Mann zu sprechen. Ted, der Alkoholiker gewesen war, hatte sie in schlimmer Weise mißhandelt. Mitten im Gespräch brach sie plötzlich ab. Ich spürte, daß der Heilige Geist an ihr arbeitete, schwieg deshalb auch und betete im stillen. Einige Zeit später begann sie langsam zu sprechen, wobei sie immer wieder Pausen einlegte zwischen den Sätzen. „Ich glaube, ich kenne mein Problem jetzt", sagte sie. „Mir ist das nie vorher aufgefallen, . . . aber Mike hat vieles in seinem Wesen, was mich an Ted erinnert. . . Ich finde sogar, daß er ihm irgendwie ähnlich sieht . . . Ja, das ist es: er hat einen Körperbau, wie Ted ihn hatte. . . Er bewegt sich auch so ähnlich wie er. . . Ich kann es nicht fassen, aber genau das ist es: Er erinnert mich an Ted, und diese Tatsache erinnert mich immer wieder an alles, was er mir angetan hat . . . Ich glaube auch, das wird mir jetzt gerade klar, daß ich Ted noch nie richtig vergeben habe, was er mir alles angetan hat." Gladys begann leise zu weinen. „Wissen Sie, ich habe das alles auf den Jungen übertragen. Er kann selbst gar nichts dafür. Kein Wunder, daß uns das alles so durcheinandergebracht hat."

Jetzt wußten wir, wofür wir beten sollten. Es war wunderbar, mitzuerleben, wie die vergebende, heilende Gnade alles wegwusch: die früheren Verletzungen und der bis in die Gegenwart reichende Zorn. Es war nur eine Frage der Zeit, und die Familie lebte in neuer, liebevoller Harmonie miteinander.

Betroffenen empfehle ich, sich selbst einige Fragen zu stellen: „Worüber bin ich eigentlich so wütend? Gegen wen richtet sich meine Wut? Woran liegt es, daß mich diese Person/Situation so in Rage versetzt?" Es ist unerläßlich, daß wir den Ursachen auf die Spur kommen und sie mit der Hilfe Gottes ausräumen. In Hebräer 12,15 finden wir eine ernstzunehmende Warnung: *Achtet darauf, daß nicht jemand an der Gnade Gottes Mangel leide, daß nicht irgendeine Wurzel der Bitterkeit aufsprosse und euch beunruhige und die vielen durch diese verunreinigt werden.* Ich habe diese bittere Wurzel bei Hunderten von Christen erlebt. Sie hatten es für richtig gehalten, sich nicht bei der Vergangenheit aufzuhalten, sondern pauschal allen zu vergeben, „die ihnen jemals wehgetan hatten". Sie deckten gleichsam ein Mäntelchen darüber, ohne sich in der Tiefe mit den Verletzungen und Haßgefühlen auseinanderzusetzen. Die bittere Wurzel blieb, sorgte für manchen Verdruß und vergiftete die Beziehungen. Als die Gnade Gottes dann daranging, die Hintergründe aufzudecken, dauerte es nicht lange, und das Problem war beseitigt.

* Sehen Sie Ihrem Gerechtigkeitssinn, der sich oft so explosiv zu Wort meldet, ins Auge und erlauben Sie der Gnade Gottes, ihn zu entschärfen. Der perfektionistische Christ hat gewöhnlich ein übertriebenes Gespür für alles Ungerechte, Unfaire. Er hat gleichsam eine tickende Zeitbombe in sich, die beim geringsten Kontakt mit den Ungerechtigkeiten des Lebens explodiert. Perfektionisten dieser Art verteidigen ihre wütende Überempfindlichkeit oft, indem sie versuchen, eine Tugend daraus zu machen. Sie haben den unersättlichen Drang in sich, Dinge richtigzustellen, Prozesse anzustrengen und in aggressiver Weise ihr Recht zu verteidigen. Gewöhnlich ist es eine unverarbeitete seelische Verletzung, Demütigung oder Ungerechtigkeit, die sie dazu bringt, so überaus empfindlich auf Ungerechtig-

keiten zu reagieren. Dabei läßt sich das erfahrene Unrecht oft bis in die ersten Lebensjahre zurückverfolgen.

Pip ist die Hauptfigur in Charles Dickens' Novelle *Great Expectations*, hinter der viele Kritiker seine eigene geistliche Lebensgeschichte vermuten. Eines Tages, nachdem Pip von seiner Schwester grausam gedemütigt worden ist, denkt er voller Bitterkeit über sein Leben nach. Es heißt dort:

„Die Erziehung durch meine Schwester hatte mich äußerst sensibel gemacht. In der kleinen Welt der Kinder, unabhängig davon, wer sie großzieht, wird nichts so genau wahrgenommen und deutlich empfunden wie Ungerechtigkeit. Dabei mag es nur eine kleine Ungerechtigkeit gewesen sein, der das Kind einmal ausgesetzt war, aber das Kind ist klein, und seine Welt ist klein; und sein Schaukelpferd – gemessen an seinem Maßstab – erscheint ihm so hoch wie ein starkes irisches Jagdpferd. Von frühester Kindheit an stand ich innerlich auf Kriegsfuß mit der Ungerechtigkeit. Seit ich sprechen konnte, war mir bewußt, daß meine Schwester in ihrer unberechenbaren und heftigen Art, mit der sie Druck auf mich ausübte, ungerecht zu mir war. Alle Bußübungen, die mir in Form von Bestrafungen, Bloßstellungen, Fastenzeiten und Virgilien auferlegt waren, hatten diese Gewißheit in mir noch verstärkt."

Sehr oft entwickelt sich solch langgehegter Ärger über Ungerechtigkeiten später zum Groll gegen Gott, der mit einer verborgenen Abneigung gegen ihn Hand in Hand geht. Solche Menschen beginnen Gespräche oft mit der Feststellung, daß sie sich über das *Leben* ärgern. Bei näherer Untersuchung dieser Aussage kommen sie dann aber zu der Einsicht, daß sich ihr Ärger in Wirklichkeit gegen Gott richtet. Ein alter englischer Spruch verdeutlicht das: „If you don't like the design, you don't like the designer" (Verwirfst du den Plan, lehnst du auch den Planer ab).

Ein entschiedener Christ sagte einmal zu mir: „Ich mußte der schmerzlichen Tatsache ins Auge sehen, daß ich dem Herrn jahrelang gegrollt hatte. Für viele Dinge in meinem Leben, die mir ungerecht erschienen, hatte ich innerlich Gott die Schuld gegeben. Es war wirklich so, daß ich Gott liebte und ihm diente – aber ich mochte ihn nicht!"

Vieles war darauf zurückzuführen, daß er es nicht fertigbrachte, sich selbst mit seinen spezifischen Gaben und Fähigkeiten anzunehmen. Viele Jahre hatte er vergeudet, indem er sich ständig mit anderen verglichen und Gott die Schuld dafür gegeben hatte, daß er nichts Besondere darstellte. Erst als er sich dem Groll stellte, den er gegen Gott empfand, und sich davon lossagte, lernte er, sich selbst und seine persönlichen Gaben dankbar und froh aus Gottes Hand zu nehmen. Innerhalb eines Jahres begann Gott dann, ihn auf ganz neue Weise zu gebrauchen. Den Leuten fiel sein veränderter Gesichtsausdruck auf – weniger kritisch, liebevoller und freundlicher. Langsam aber sicher wurde aus ihm ein gewinnender Zeuge Christi.

Doch dieser Prozeß war mit erheblichen Kämpfen verbunden. Wie alle Christen, deren Wesen von Groll und Depression gekennzeichnet ist, stand er unter dem Eindruck, er sei zu schlecht, um überhaupt beten zu können oder zu dürfen. Diese Menschen meinen, Gott sei enttäuscht und böse mit ihnen. Sie haben den Blick dafür verloren, daß Gott sie in persönlicher Weise liebt, daß er seinem Wesen nach väterlich und freundlich, gütig und barmherzig ist. Im tiefsten haben sie nicht begriffen, daß Gott sie bedingungslos liebt, sondern meinen, daß Gott vor den Segen immer erst die Bedingung stellt. So arbeiten sie mit voller Kraft, vielleicht noch mehr als bisher, sind bei allem aber nicht mehr im Gespräch mit Gott. Sie haben das Gefühl, daß sie ihm ihr wahres Ich nicht zeigen können, wenn Angst, Depression und Konflikte ihnen so zu schaffen machen. Wenn sie beten, wirken ihre Gebete mechanisch und unecht.

Sollten Sie sich in ähnlicher Lage befinden, dann habe ich eine gute Nachricht für Sie. Das Kreuz Jesu ist die Antwort. Dort hat der eingeborene Sohn Gottes freiwillig die Sünden der Menschen, das sinnlose Leiden, den unverdienten Schmerz und alle Ungerechtigkeiten der Welt auf sich genommen – auch deine und meine Sünden. Von daher kann ihn nichts schockieren, was wir aus tiefstem Herzen voller Reue vor ihn bringen. Immer wieder habe ich erlebt, wie der Herr wunderbar in Menschenleben eingegriffen und sie tief in ihrem Inneren geheilt hat. Zorn, Wut und Depression müssen weichen, wenn ein Mensch sein Leben ehrlich vor Gott ausbreitet. Oft beginnt dieses Gespräch mit Gott so: „Wie lange habe ich schon nicht mehr richtig mit dir gesprochen, Herr. Meine Gefühle über dich haben mich immer zurückgehalten . . ." Nachdem das Eis erst einmal gebrochen und die Verbindung zu Gott wiederhergestellt ist, bringt die Gnade Gottes diese negativen Gefühle allmählich zum Verschwinden. Dies hat zur Folge, daß die Liebe Gottes in nie gekannter, persönlicher Weise erfahren wird. Oft sind Menschen bei diesem Heilungsprozeß behilflich, die uns verstehen und annehmen, wie wir sind – Freunde, Pastoren, christliche Therapeuten oder eine kleine Gruppe.

Das Schönste aber ist, daß Gott selbst uns liebevoll dabei unterstützt, damit unsere Wunden abheilen und unsere Überempfindlichkeit gegenüber Ungerechtigkeiten verschwindet. Er gibt Kämpfernaturen ein demütiges, liebevolles Wesen und macht Angreifer zu Boten der Versöhnung. Gottes heilende Gnade räumt Hindernisse aus dem Weg, die uns auf dem Weg zur Heiligung blockieren. Wir können unsere Wut und Traurigkeit ohne weiteres im Gebet vor Gott bringen, auch wenn diese Emotionen gegen Gott selbst gerichtet sind. Er weiß um alles, bevor wir es ihm bekennen. Trotzdem liebt er uns weiter, bis wir uns durch sein gnädiges Wirken selbst erkennen und Rettung bei ihm suchen.

ÄNGSTE UND ZWÄNGE

Manche Menschen werden von eigenartigen, irrationellen Ängsten geplagt. Sie leiden unter panikartigen Zuständen, zwanghaften Vorstellungen und anderen unberechenbaren Zwängen. Diese Symptome trifft man besonders bei angespannten, nervösen und äußerst sensiblen Personen an, in deren Familien sich Tendenzen in Richtung Alkoholmißbrauch, Depression und Nervenschwäche feststellen lassen.

Wenn Sie ähnliche Schwierigkeiten haben, so möchte ich Sie zuallererst vor der Annahme warnen, diese seien allein auf geistliche Ursachen zurückzuführen. Im Laufe der letzten Jahre hat die Forschung herausgefunden, daß sich hinter solchen Symptomen oft neurologische oder biochemische Ursachen verbergen. Seltsamerweise haben wir selten Bedenken gegen Tabletten oder Spritzen, die uns im Fall von Diabetes, Schilddrüsenerkrankungen oder hohem Blutdruck helfen sollen. Wenn es aber um Depressionen, Angstzustände und ähnliches geht, meinen wir, sie ausschließlich auf geistlichem Weg heilen zu können. Diese Tatsache stellt in sich schon ein Symptom unserer unrealistischen Ideale und unerreichbaren

Ziele dar. „Wäre ich ein wirklich geistlicher Mensch, würde ich bestimmt damit fertig."

Bevor Sie sich in dieser Weise anklagen, klären Sie durch Ihren Arzt ab, ob es möglicherweise medizinische Gründe für Ihr Befinden gibt, das medikamentös abgestellt werden kann. Lassen Sie sich von wohlmeinenden christlichen Freunden diesbezüglich keine Schuldgefühle einreden. Wir können es uns heute kaum vorstellen, aber als man die Narkose entdeckte, zogen Prediger vielerorts dagegen zu Felde. Heute danken wir Gott dafür, wenn wir uns einer Operation zu unterziehen haben. Bedenken Sie, daß Gott alle Elemente dieser Erde geschaffen hat; wenn Ihnen deshalb eine ärztliche Verordnung dazu verhilft, besser für den Herrn da zu sein, dann nehmen Sie sie auch aus Gottes Hand. Natürlich kann man auf diesem Gebiet übertreiben, aber wir sprechen hier nicht von Medikamentenmißbrauch, sondern von deren richtiger Anwendung.

Die Verbindung von gestörtem Chemiehaushalt, verfälschter Lehre und mangelnder Agape kann leicht dazu führen, daß sich der Leistungs- und Perfektionsdruck noch verstärkt. Das Ganze ist so miteinander verflochten, daß man schwerlich erkennen kann, wo das eine aufhört und das andere beginnt. Bekanntlich haben Gedankenkonzepte und Weltanschauungen Auswirkungen auf den Chemiehaushalt unseres Körpers. Nichts aber ist wirksamer als Gottes bedingungslose Liebe und Gnade. Wenn ein Mensch diese Annahme und Vergebung an sich erfährt, kann es zu wunderbaren Veränderungen kommen.

Pauline, Anfang dreißig, Ehefrau eines Pastors, kam mit vielen der beschriebenen Schwierigkeiten hilfesuchend zu mir. Seit ihrer Jugend litt sie unter ständig wiederkehrenden Angstanfällen, die darauf zurückzuführen waren, daß man hohe christliche Erwartungen in sie gesetzt hatte, die sie meinte erfüllen zu müssen. Die Anfälle von Panik, die mehrere Stunden oder Tage andauerten, waren entsetzlich für sie. Jedesmal war sie danach völlig erschöpft und niedergeschlagen. In ihrer Verwandtschaft hatte es Fälle von Alkoholismus, Nervenzusammenbrüche und einige tragische Todesfälle gegeben. Im allgemeinen gelang es ihr, ihre Ängste zu kontrollieren, doch wenn diese panische Angst sie überfiel, war sie unfähig, an irgend etwas anderes zu denken als daran, ihr könne etwas Ähnliches bevorstehen. In dieser Zeit konnte sie kaum schlafen. Das wiederum löste schreckliche Schuldgefühle bei ihr aus, weil sie offensichtlich nicht in der Lage war, Gott zu vertrauen. Das Problem schien unlösbar.

Viele Stunden arbeiteten wir zusammen an diesem Syndrom von Übergeistlichkeit, das sie so unter Druck setzte. Wieder und wieder las sie Bücher über das Wesen der Gnade, und wir beteten zusammen. „Gnade ist so etwas Schweres", pflegte sie dann manchmal zu sagen. „Es fällt mir so schwer, mich von Gott lieben zu lassen. Ich habe mich zwar mit zwölf Jahren bekehrt, aber noch nie konnte ich richtig daran glauben, daß Gott mich liebt, wie ich wirklich bin." Zusammen gingen wir daran, die Hintergründe aufzudecken. Nicht nur ein unbeständiges, liebloses Zuhause, sondern auch die stoisch-strenge Haltung ihres Pastors hatten diese Selbsteinschätzung in ihr bewirkt. Tränen der Wut stiegen immer wieder in ihr hoch, während sie von den vielen Ungerechtigkeiten und Verletzungen erzählte, die sie zu Hause erdulden mußte. „Ich schäme mich ja so, daß Sie mich jetzt so sehen", brach es immer wieder aus ihr heraus. Doch schließlich, als alle Hindernisse beseitigt waren, wurde die Liebe Gottes real und greifbar für Pauline. Lassen wir sie selbst erzählen:

„An jenem Morgen war mir gar nicht danach, zu Dr. Seamands in die Beratung zu gehen. Ich war sehr müde. Beide Kinder hatten gerade die Windpocken hinter sich, so daß ich in den Nächten zuvor wenig Schlaf bekommen hatte. Aber das sollte vielleicht alles so sein. Gott kann wirklich am meisten in uns ausrichten, wenn wir schwach, müde und völlig abhängig sind von ihm. Nachdem ich dem Herrn alles anbefohlen hatte, schickte ich mich an, die Treppe hinunterzugehen, obwohl ich sonst eigentlich immer den Aufzug benutze. Auf der Treppe begann Gott plötzlich in besonderer Weise zu mir zu sprechen.

‚Danke, Herr, du schenkst mir den Durchbruch.' Diese Worte kamen wieder und wieder in mein Herz, während ich die Stufen hinunterging. Ich konnte die Tränen nicht unterdrücken, sie kamen einfach, und als ich an meinem Wagen angekommen war, konnte ich nicht mehr an mich halten. Ich saß da, weinte und weinte und ließ den Herrn an mir wirken . . . Ja, endlich brach seine Liebe zu mir durch. Er überschüttete mich in einer Weise, wie ich es nie zuvor erlebt hatte. Vor meinem inneren Auge sah ich, wie Jesus Kinder auf dem Schoß hielt. Ich, ein Kind wie sie, lief auf ihn zu. ‚Ich möchte auf deinen Schoß klettern und von dir liebgehabt werden', dachte ich. Als ich näher kam, scheuchten mich seine Jünger fort. ‚Er ist zu beschäftigt, zu müde. Fort mit dir! ' sagten sie. Aber Jesus wandte sich mir mit ausgebreiteten Armen zu. . . Durfte ich es wagen? . . . Ja, ich wollte mit allen Fasern meines Herzens zu ihm und mich von ihm befreien lassen.

Es gab nichts anderes mehr für mich als diese Liebe. Jesus liebte mich! Seine Liebe durchdrang mein ganzes Wesen, und ich fühlte eine unendliche Dankbarkeit in mir. Frieden und Freude erfüllten mein Herz. ‚Bitte, Herr, befreie mich aus dem selbsterrichteten Gefängnis meiner falschen Ansichten über dich', betete ich.

Wenn mein Sohn heute etwas angestellt hat, sage ich ihm oft, daß ich ihn trotzdem liebhabe. Er braucht nicht immer nur artig zu sein, damit er von Mami geliebt wird. Das gilt auch für mich. Ich muß mich nicht krampfhaft bemühen, gut zu sein. Gott liebt mich, wie ich bin, und seine Liebe verwandelt mein Leben. Wie dankbar bin ich, daß diese Erkenntnis endlich zu mir durchgedrungen ist!"

Für Pauline war dies der Beginn einer neuen Freiheit, der Beginn körperlicher und geistlicher Gesundung, die anderen heute zugute kommt. Man spürt ihrem Zeugnis ab, daß Gott sie wunderbar verändert hat. Daß Pauline die Gnade Gottes so dramatisch an sich erlebt hat, darf Sie nicht befremden. Es ist darauf zurückzuführen, daß sich die inneren Blockaden im Verlauf der Seelsorge endlich auflösten, die sie seit ihrer Kindheit gehindert hatten, Gottes unverdiente Liebe und Gnade zu erfassen. Wie behutsam und liebevoll hat der Geist Gottes ihr die Szene von Jesus und den Kindern vor Augen gemalt. Sie bewirkte, daß die Wunden der Vernachlässigung und Ablehnung abheilten, an denen sie seit ihrer Kindheit gelitten hatte.

Haben Sie vielleicht ein ähnliches Problem, mit dem Sie nicht fertig werden? Ich bin sicher, daß Gott auch Ihnen in besonderer Weise begegnen und Ihnen innere Heilung schenken wird, wenn Sie sich ihm völlig anvertrauen und sich lieben lassen, wie Sie sind.

CHRISTLICHE GEMEINSCHAFT

Jetzt komme ich zu einem der wichtigsten, aber leider sehr vernachlässigten Aspekt der Gnade. Die schlimmsten Hindernisse auf dem Weg zur Erlösung erwachsen ja bekanntlich aus ungesunden und zerstörerischen Beziehungen in unserer Vergangenheit. Deshalb wird es wohl in den meisten Fällen so sein, daß diese Hindernisse nur durch gute und positive persönliche Erfahrungen überwunden werden können. Damit es dazu kommen kann, empfiehlt sich das verbindliche Miteinander in einer Gruppe.

In dem großartigen Schriftabschnitt über Heilung (Jakobus 5, 13-20) finden wir den Satz: Bekennt nun einander die Vergehungen und betet füreinander, damit ihr geheilt werdet (V. 16). Jemand sagte einmal dazu, viele Christen und Gruppen hätten diesen Vers verdreht, indem sie sich ihre Verfehlungen vorhalten und dann gegeneinander beten. In der frühen Kirche war koinonia, die teilnehmende, dienende Gemeinschaft, gleichwertig mit Lehre, Gebet, Anbetung und Abendmahl (Apostelgeschichte 2,42). Da es keine Kirchengebäude gab, trafen sich die Christen in den Häusern oder an anderen passenden Orten. Sie bekannten voreinander ihre Schuld und begegneten sich in großer Offenheit. Neu Hinzukommende wurden liebevoll im Gebet durchgetragen, bis auch sie zur Glaubensgewißheit gelangten. Im dritten nachchristlichen Jahrhundert, als die private Beichte und damit das „Beichtgeheimnis" aufkamen, ging der Christenheit die heilsame Wirkung der öffentlichen Beichte weitgehend verloren.

Wiederentdeckt und ausgeweitet wurde sie während der großen Erweckung in England unter den Wesleys. Aus den Hausversammlungen Gleichgesinnter formierte sich später die Methodistische Kirche. Wöchentlich einmal traf man sich in Gruppen von fünf bis zehn Personen. Man tauschte Erlebnisse und Erfahrungen aus, studierte die Bibel und betete miteinander. Kirchenhistoriker schreiben den geisterfüllten Predigten von George Whitefield und John Wesley sowie den Liedern von Charles Wesley eine große Wirkung auf die damalige Erweckung zu. Alle sind sich jedoch darin einig, daß die größte und anhaltendste Verwandlungskraft in diesen kleinen Zellen begründet lag. Was als Veränderung und Heiligung einzelner begann, führte schließlich zur Reformation des ganzen Landes.

Leider haben die meisten Gemeinden diese großartige Möglichkeit außer acht gelassen, während Organisationen wie die Anonymen Alkoholiker (AA) sie aufgegriffen haben. In der Tat gehen die Anfänge der AA bis in jene ersten methodistischen Gruppen zurück. Der Gründer der AA, ein ehemaliger Alkoholiker namens Bill W., bekehrte sich durch die persönliche Zuwendung und das Gebet einer Gruppe von Christen innerhalb der Episkopalkirche. Während einige AA-Gruppen sich ihres christlichen Hintergrunds heute kaum noch bewußt sind, wenden sie das Gruppenprinzip immer noch mit großem Erfolg an.

Am Anfang dieses Buches haben wir uns mit der traurigen und folgenschweren Problematik leistungsbezogener Christen befaßt. Sie empfinden sich selbst als unecht und doppelzüngig und haben das Gefühl, nicht wirklich sie selbst zu sein. Das liegt daran, daß solche Christen anderen immer nur ihr Über-Ich präsentieren. Sie zeigen sich der Öffentlichkeit so, wie sie gern gesehen werden möchten, was dazu führen kann, daß sie oft ganz verschiedene Gesichter zur Schau tragen. Dies hat eine solche Selbstverfremdung zur Folge, daß sie am Ende nicht mehr wissen, wer und was sie eigentlich sind. Hier liegt die Hauptursache für die Selbstablehnung und innere Angst solcher Menschen. Sie empfinden sich selbst als Heuchler, ein Gefühl, das sich nachteilig auf ihr Lebensgefühl und ihr christliches Zeugnis auswirkt.

Menschen, die sich so verhalten, haben buchstäblich ihre Seele, ihr eigentliches Ich verkauft, um damit die Zustimmung, Zuneigung oder den Beifall anderer zu erlangen. Je länger sie sich in dieser Leistungstretmühle befinden, desto vorsichtiger und verschlossener werden sie. Der einzige Ausweg besteht darin, daß sie anderen ihr wahres Ich offenbaren. Wir alle kennen Sokrates' berühmten Ausspruch: „Erkenne dich selbst." Ich meine, die Wahrheit käme besser in dem Satz zum Ausdruck: *„Laß dich erkennen, und du wirst dich selbst erkennen."*

Es ist viel davon die Rede, daß wir uns selbst und Gott gegenüber aufrichtig sein sollen; und wir bemühen uns in unserer Stillen Zeit – oftmals verzweifelt – darum. Aber die Art von Wahrheit und Selbsterkenntnis, die eine bleibende Veränderung unseres Lebens bewirkt, gewinnen wir niemals im Alleingang. Erst wenn wir unser wahres, verborgenes Ich einer anderen Person offenbaren, sind wir in der Lage, uns selbst wahrhaft zu erkennen. Tief in uns mag sich eine blasse Ahnung unseres wahren Wesens abzeichnen, doch immer wieder ignorieren wir es oder überdecken es mit unserem Super-Ich – selbst beim Beten. Wenn wir uns aber entschließen, die Tatsachen in Gegenwart eines anderen auszusprechen, wird es zunehmend schwieriger, uns selbst etwas vorzumachen.

Ja, es ist die Wahrheit, die uns frei macht – die Wahrheit über Gott und uns selbst, die nur Christus uns bringen kann (Johannes 8, 32-36). Ein großer Teil der Wahrheit über uns selbst wird offenbar, wenn wir es wagen, anderen auf Kosten unseres falschen Super-Ichs unser wahres Gesicht zu zeigen. Hier wird das offene Miteinander zum Kanal der Gnade. Die Atmosphäre des Vertrauens in unserer neuen Gottesfamilie gibt uns Mut zur Offenheit. Wir sind erkannt und geliebt! Dieses Wissen befreit uns von dem Zwang, jemand anders sein oder darstellen zu müssen.

Leistungsorientierte Christen, die zum Perfektionismus neigen, brauchen eine solche Gemeinschaft besonders, in der sie sich angenommen und geliebt wissen, denn dort können sie sich zeigen, wie sie sind, ohne Gefahr zu laufen, abgelehnt oder verurteilt zu werden. Allein aus der Falle des Perfektionismus herauszukommen, ist ebenso unmöglich wie der Versuch, sich ohne fremde Hilfe aus dem Treibsand zu befreien. Jakobus 5,16 erwähnt, daß manche Schwierigkeiten körperlicher, seelischer und geistlicher Art nur dann ausgeräumt werden können, wenn sie mit Christen besprochen und im Gebet vor Gott gebracht werden.

Zunächst mag das ein einziger vertrauenswürdiger Freund sein, vielleicht ein Sonntagsschullehrer, Pastor oder Berater. Es gibt ja Dinge, die nur unter vier Augen besprochen werden sollten. Viele von uns haben dagegen dringend eine kleine Gruppe von Christen nötig, in der sie freimütig miteinander sprechen und beten können. Von solchen Gemeinschaften geht eine erstaunliche Kraftwirkung aus. Wenn Sie keine solche Gruppe finden können, dann halten Sie nach einem einzelnen Christen Ausschau, dem Sie sich öffnen und mit dem Sie sich regelmäßig treffen können. Diese Minigruppe sollte sich dann allmählich vergrößern. Gewöhnlich gibt es immer Menschen, die verzweifelt nach einer solchen Form der Gemeinschaft suchen. Völlige Offenheit und einmütiges Gebet (Matthäus 18,18-20) sind von ungeheurer geistlicher Explosivkraft. Gnadenhindernisse werden gleichsam fortgesprengt, und Sie werden frei zu einem Leben, das vom Geist Gottes und von seiner Liebe bestimmt ist.

WIEDERHERSTELLENDE GNADE

Letztlich soll die Gnade Gottes uns für die Ewigkeit vorbereiten, so daß wir Gott in Wahrheit anbeten und uns buchstäblich bis in alle Ewigkeit an ihm erfreuen können. Was aber bewirkt die heilende Gnade Gottes während unseres Erdenlebens? Sie ist mehr als Errettung, Heiligung oder Erneuerung. Sie hat den Zweck, alles, was je in unserem Leben geschehen ist, zum Guten umzuwandeln, damit Gott es für seine Zwecke benutzen kann. Alles? Während Sie so fragen, denken Sie vielleicht an irgend etwas unaussprechlich Böses oder Schmerzliches, das Sie selbst oder andere verschuldet oder erlitten haben. Diese Dinge haben Sie möglicherweise äußerlich oder innerlich zum Krüppel werden lassen. Das mögen Fehltritte gewesen sein, die man nur als Unrat bezeichnen kann. Und Gott sollte selbst diese Dinge benutzen können, um sie zum Wohl der Menschen und zu seiner Ehre einzusetzen?

Aus vollem Herzen möchte ich diese Frage bejahen, denn wenn wir Menschen schon in der Lage sind, industrielle Anlagen zu bauen, die Abfall in verwendbaren Treibstoff umwandelt, dann kann Gott das erst recht. Der aufregendste Teil meines Dienstes bestand darin, die Auswirkungen der heilenden Gnade Gottes im Leben von Menschen zu beobachten, die sich ihm anvertraut hatten. Durch das, was sie selbst an Schwerem durchlebt hatten, konnten sie der Not anderer Menschen begegnen. Gott hat so das Notvolle ihres Lebens benutzt und es in Segen verwandelt.

In diesem Zusammenhang denke ich an eine ganze Reihe von Menschen. Die einen hatten selbst alle möglichen Sünden und bösen Taten auf sich geladen, die anderen waren Opfer schlechter Behandlung und hatten von daher seelischen Schaden genommen. Alle erfuhren sie innere Heilung, als sie sich der Gnade öffneten. Jetzt dienen sie anderen gerade an den Punkten, an denen sie selbst am meisten verletzt waren.

Ich denke auch an verschiedene junge Christen, die mit ihren homosexuellen Tendenzen nicht zurechtkamen. Viele Gespräche, Gebete um Heilung und eine lange Zeit des Umdenkens, in die auch die Unterstützung einer kleinen Gruppe verläßlicher Christen gehörte, waren unumgänglich. Inzwischen sind sie glücklich verheiratet, haben Kinder, und Gott gebraucht sie für den Dienst an anderen, die das gleiche Problem haben.

Darüber hinaus ist mir eine große Zahl von Christen in Erinnerung, die unter verschieden ausgeprägten Formen von Perfektionismus litten. Gesetzlich, überkritisch, von Angst- und Minderwertigkeitsgefühlen geplagt, waren sie aufgrund ihrer falschen Gottesvorstellung ständig bemüht, Gott und anderen Menschen durch ihr Tun zu gefallen. Viele von ihnen suchten Hilfe, als ihr engmaschiges System sich aufzulösen begann. Andere kamen, als sie mit ihren Nerven am Ende waren oder nachdem sie gerade einen Nervenzusammenbruch erlitten hatten. Einige mußten in ein psychiatrisches Krankenhaus zur Behandlung eingeliefert werden. Nein, schnellwirkende Patentrezepte gibt es da nicht. Oft war es ein langer, mühsamer Aufstieg, wenn es darum ging, die eingefahrene Spur des leistungsbezogenen Denkens zu verlassen. Doch Gottes Liebe und Gnade behielten den Sieg. Aus der Unruhe eigenen Strebens und Schaffens kamen sie endlich in die Ruhe gläubigen Vertrauens. Wie Ertrinkende hatten sie verzweifelt um sich geschlagen, bis sie begriffen, daß Gottes freie Gnade sie rettete und sie der tragenden Kraft des Wassers vertrauen konnten. Jetzt, wo sie aus der Gnade leben, sind sie gleichsam zu Rettungsschwimmern geworden, die mithelfen, andere aus dem Sog der Leistungsbezogenheit herauszuziehen.

Ich denke auch an die vielen, die sexuell mißbraucht wurden, besonders an die, die die zerstörerischen Folgen eines Inzests bewältigen mußten. In meinem Buch *Putting Away Childish Things* (Befreit vom kindischen Wesen) habe ich von der erstaunlichen Heilung einer jungen Frau berichtet, deren Vater sich an ihr vergangen hatte. Gott machte es möglich, daß sie ihn auf dem Sterbebett noch zu Christus führen konnte. Auch in anderen Fällen von Inzest hat der Herr sie in der Seelsorge eingesetzt.

Ich betone dies so, weil es einfach nicht genug ausgebildete Berater gibt, die sich um die ständig zunehmende Zahl gestörter Personen kümmern können. Gott möchte eine große Armee von Helfern aufstellen, die innerlich heil geworden sind und so vorübergehend als „Assistenten des Heiligen Geistes" fungieren können. Dies ist auch die Zweckbestimmung der heilenden Gnade in Ihrem Leben. Auch Sie sollen ein freier Durchflußkanal seiner Liebe und Gnade werden. Lesen Sie in diesem Zusammenhang den Bericht eines jungen Mannes, den Gott in dieser Weise gebraucht.

„Erinnern Sie sich an das, was ich vor einem Jahr in mein Tagebuch geschrieben habe? Das war ungefähr eine Woche, bevor Sie mich zum Abschied zum Flughafen brachten. ‚Ich bin am tiefsten Punkt meines Lebens angelangt', schrieb ich. ‚Ich habe völlig versagt.'

Es ist kaum zu glauben, daß Gott mich innerhalb eines Jahres so drastisch verändert hat. Vor einem Jahr um diese Zeit war ich noch voller Selbsthaß, verzweifelt und ohne Hoffnung. Heute kann ich ehrlichen Herzens sagen, daß ich mich selbst mag. Nie zuvor ist mir die Zukunft so hell erschienen. Mein Leben fließt über von Frieden und Freude, weil ich weiß, daß Gott mich liebt und mir gnädig ist. Was bei mir noch unvollkommen ist, füllt er in seiner Gnade aus. Gott ist treu! Ich nehme dies als ständige Tatsache für mich in Anspruch – und dies jetzt schon seit ungefähr sechs Monaten.

Heute nachmittag habe ich mit einem jungen Mann gebetet, der sein Leben Jesus übergeben hat. Und heute abend hatte ich ein Gespräch mit einer jungen Frau. Weil sie noch jung im Glauben ist und Ermutigung braucht, habe ich ihr erzählt, wie der Herr mich von meiner Depression, meinen Sünden, Verfehlungen und allem befreit hat. Wie treu und wunderbar ist doch der Herr!"

Kapitel 12

Allumfassende Gnade

Die Gnade Gottes auf die Erlösung oder Heiligung zu beschränken, käme einer Beschneidung der allumfassenden Liebe Gottes gleich. Es wäre so, als hielte ich das Matterhorn bereits für die Alpen oder den Mount Everest für den ganzen Himalaja. Beide Gipfel sind berühmt wegen ihrer atemberaubenden Höhe und Schönheit, doch sind sie umgeben von einer Reihe mächtiger Berge, die ihre Großartigkeit noch deutlicher hervortreten lassen.

Genauso verhält es sich mit der Gnade und Liebe Gottes. Sicherlich gibt es geistliche Höhepunkte, doch Gottes rettende Gnade kennt viele geheimnisvolle Wege, auf denen sie die Menschen erreicht. Lassen Sie uns nachfolgend einige dieser Wege betrachten.

ALLGEMEINE GNADE

Viele aufrichtige evangelische Christen sind heute verunsichert. Sie wollen sich genau an die Bibel halten und alles vermeiden, was den christlichen Glauben verwässern oder verfälschen könnte. Leider sind sie dabei in ein anderes Extrem verfallen und haben eine sehr wichtige biblische Lehre außer acht gelassen, die besagt, daß jede gute Gabe und jedes vollkommene Geschenk von oben, von dem Vater herabkommt (Jakobus 1,17). Die bedeutendsten christlichen Denker und Lehrer – angefangen bei den alten Kirchenvätern, wie zum Beispiel Augustinus, bis hin zu Luther, Calvin und Wesley – haben gelehrt, daß alles als Gabe Gottes anzusehen ist, was wahr, gut, schön und hilfreich ist in dieser Welt. Dabei ist unwesentlich, woher die jeweilige Gabe stammt oder wie sie dorthin gekommen ist. Sie brachten diesen Gedanken in sehr unterschiedlicher Weise zum Ausdruck, waren sich aber darin einig, daß alles Ausdruck der Barmherzigkeit und Gnade Gottes gegenüber der gesamten Schöpfung ist.

Auf der einfachsten Ebene gehören die täglichen Gaben Gottes dazu, die wir alle für selbstverständlich halten, ohne die aber kein Leben auf der Erde möglich wäre. *Der Vater im Himmel läßt seine Sonne aufgehen über Böse und Gute und läßt regnen über Gerechte und Ungerechte (Matthäus 5,45). Gnädig und barmherzig ist der Herr, langsam zum Zorn und groß an Gnade. Der Herr ist gut gegen alle, sein Erbarmen ist über alle seine Werke (Psalm 145,8-9).*

Auf höherer Ebene gehören einige menschliche Grundzüge dazu, wie Gewissen und Verstand und die Fähigkeit zum Denken und Forschen. Paulus weist in diesem Zusammenhang darauf hin, daß jeder Mensch sich vor Gott zu verantworten hat (Römer 1, 19-20). Natürlich steht diese erkannte Wahrheit nicht auf gleicher Stufe mit der offenbarten Wahrheit Gottes. Sie kann uns nicht retten, ist trotzdem aber wahr und als solche eine Gabe Gottes.

Ich habe viele Briefe und Anrufe aufrichtiger Christen bekommen, die etwa folgenden Inhalt hatten: „Vielen Dank für Ihre Bücher, die mir viel geholfen haben. Aber ich wundere mich, daß Sie offenbar an die Psychologie glauben." „Natürlich tue ich das", antworte ich dann gewöhnlich. „Ich glaube auch an die Soziologie, Kriminalogie, Urologie, Radiologie, politische Wissenschaft, Mathematik, Computerwissenschaft, Aerodynamik und andere Wissensgebiete, weil ich überzeugt bin, daß alle diese Wahrheiten ihren Ursprung in Gott haben." Ich bin bemüht, sie dahin zu bringen, daß sie alle Gnadengaben Gottes erkennen und als solche schätzen lernen, auch wenn diese auf ungewohnten Wegen an sie herangetragen werden.

Der große Reformator und Theologe Johannes Calvin hat viel über die Errungenschaften der „irdischen" Kultur des Menschen geschrieben, die auch „in der staatlichen Verfassung, der Landesökonomie, in allen handwerklichen Künsten und Geisteswissenschaften" zum Ausdruck kommt. Calvin verwies auch auf heidnische Schriftsteller, Philosophen und Dichter, indem er schrieb:

„Wenn ich glaube, daß der Geist Gottes die einzige Quelle der Wahrheit ist, dürfen wir die Wahrheit selbst weder zurückweisen noch verachten, wo immer sie uns begegnet, es sei denn, wir beabsichtigen, den Geist Gottes zu schmähen . . . Alle Wahrheit ist von Gott. Wenn also böse Menschen irgend etwas ausgesprochen haben, was wahr und richtig ist, dürfen wir es nicht zurückweisen, denn es ist von Gott gekommen."

Was Calvin als „allgemeine Gnade" bezeichnete, umschrieb John Wesley mit dem Begriff „vorlaufende Gnade", wobei Gott als Urheber aller menschlichen Weisheit und Gelehrsamkeit angesehen wird. Alle beziehen sich im Grunde auf Augustinus, der den Satz vom „Plündern der Ägypter" geprägt hat. Er meinte damit, daß wir Christen die Wahrheit nehmen dürfen, wo und wie Gott sie uns auch immer schenkt.

Das erstaunlichste Beispiel hierfür finden wir in der Bibel selbst. In seiner Predigt an die Athener nahm Paulus Bezug auf nichtchristliche Philosophen und Dichter. Wie oft haben wir wohl die herrlichen Worte aus Apostelgeschichte 17,28 gehört: *In ihm leben und weben und sind wir. Dabei ist uns gar nicht bewußt, daß Paulus damit einen heidnischen Philosophen seiner Zeit zitiert.*

Ich lege deshalb soviel Nachdruck auf diese elementare, umfassende Vorstellung von Gnade, weil ich möchte, daß Gott Sie auf jede nur mögliche Weise ansprechen kann. Wir brauchen uns vor nichts zu fürchten, was Gott uns möglicherweise auf diesen Wegen schickt, um uns innerlich weiterzuhelfen. Weil Gott sich uns in seinem Wort in besonderer Weise offenbart hat, können wir alles anhand der Schrift prüfen. Das bedeutet nicht, daß wir alles wortgetreu in der Bibel wiederfinden müssen, was uns an Formulierungen begegnet. Wir sollten vielmehr darauf achten, ob ein Gedanke mit den Prinzipien der Schrift übereinstimmt. Alles, was diesen Test besteht, können wir dankbar aus Gottes Hand nehmen.

Oft werde ich gefragt, wo denn in der Bibel von „innerer Heilung" oder „Heilung der Erinnerungen" die Rede sei. Gewöhnlich antworte ich dann: „Sie finden es in demselben Kapitel, in dem uns grünes Licht dafür gegeben wurde, meine Tochter auf dem schnellsten Wege einer lebensrettenden Blinddarmoperation zu unterziehen."

Ja, wir können für jede neue Wahrheit, Einsicht, Erfindung oder Entdeckung auf dem Gebiet der Medizin, Psychologie, Soziologie und anderen Wissensbereichen dankbar sein. Natürlich kann es immer böswillige Menschen geben, die dieses Wissen für ihre sündigen Zwecke ausnutzen. Dasselbe Flugzeug, das Missionare aufs Missionsfeld befördern soll, kann Männer an Bord haben, die einen Bombenanschlag auf sie planen. Mißbrauch verhindert man nicht durch Nichtgebrauch. Gott erwartet von uns Christen, daß wir jede Gabe, die er uns gegeben hat, zu seiner Ehre und zum Wohl der Menschen einsetzen.

BEWAHRENDE GNADE

Hätte Gott die Schöpfung und seine Geschöpfe nach dem Sündenfall aufgegeben, indem er der Sünde und ihren Folgen absolut freien Lauf gelassen hätte, es gäbe längst keine Menschen mehr. Doch Gott hat nicht aufgehört, uns in seiner bewahrenden Gnade zur Seite zu stehen, damit die Sünde nicht überhandnimmt.

Obwohl unsere Verstandeskraft sehr durch die Sünde beeinträchtigt wurde, hat Gott dafür gesorgt, daß sie bestehen blieb. Deshalb verfügen auch unerrettete, nicht erneuerte Menschen über diese erstaunliche Gabe Gottes – einen Verstand, der logische Schlüsse ziehen und überlegen kann, der aber auch über ein Erinnerungs- und Vorstellungsvermögen verfügt und in der Lage ist, Entdeckungen und Erfindungen zu machen. Nur der Mensch begreift den Zusammenhang von Ursache und Wirkung. Natürlich können wir mit Hilfe unseres Verstandes keine Beziehung zu Gott aufbauen oder uns unsere eigene Errettung ausdenken. Wir haben noch nicht einmal die Kraft, unseren guten Vorstellungen entsprechend zu leben. Doch Gott benutzt unseren Verstand, um uns zu helfen, die Sünde in Schach zu halten.

Die Bibel spricht davon, daß Regierungen, die Gesetze erlassen und durchsetzen, Gott in seiner Abwehr des Bösen in der Welt unterstützen. Paulus macht dies im Blick auf die Staatsgewalt in Römer 13,1-7 besonders deutlich: *Denn sie ist Gottes Dienerin, dir zum Guten. Wenn du aber das Böse tust, so fürchte dich . . ., denn sie ist Gottes Dienerin, eine Rächerin zur Strafe für den, der Böses tut (Vers 4).* Petrus drückt es in seinem ersten Brief ähnlich aus (Kap. 2,13-14). Dabei gilt es sich zu vergegenwärtigen, daß in beiden Fällen das Römische Weltreich gemeint war, ein nach unserer Meinung grausames und gottloses System. Für sie war es trotzdem von Gott zum Wohl der Menschen eingesetzt. Ich habe mich immer darüber gewundert, bis ich eines Tages auf dem Missionsfeld eine höchst bemerkenswerte Erfahrung machte.

Im Jahre 1947 wurde Indien unabhängig. Alle indischen Staaten, mit Ausnahme von Hyderabad, wo wir ansässig waren, schlossen sich der neuen Regierung an. Nachdem Indien vergeblich versucht hatte, den Konflikt auf friedlichem und diplomatischem Weg beizulegen, kam es 1948 zur militärischen Intervention, und Hyderabad wurde gewaltsam von den indischen Truppen eingenommen. Diesen gelang es, unsere Stadt einen Tag früher einzunehmen als geplant. Die Armee schlug deshalb ihr Lager vor der Stadt auf und wartete auf die neue Zivilverwaltung. Da diese jedoch erst einen ganzen Tag später eintraf, war die Stadt mit ihren 35 000 Einwohnern 24 Stunden lang ohne jede Regierung. In jener Nacht wurden Häuser ausgeraubt und niedergebrannt. Da Nahrungsmittel damals noch rationiert waren, hatte man das Getreide im Zentralkaufhaus gelagert. Dieses Lager wurde vollständig geplündert. Zum ersten Mal begegnete ich der menschlichen Natur ohne Beschränkung von Gesetz und Ordnung. Es war ein Anblick, den ich niemals wieder zu erleben hoffe. Mir wurde deutlich, daß eine Regierung – auch wenn sie schlecht ist – besser ist als gar keine. Um welches Land oder welchen Kulturraum es sich handelt, ist völlig gleichgültig, denn genau das gleiche passierte bei den schrecklichen Ausschreitungen, die in den 60er Jahren in Detroit, Chicago und Los Angeles zu verzeichnen waren. Heute verstehe ich den Sinn der genannten Schriftstelle und sehe ein, wie wichtig Gottes bewahrende Gnade ist. Haben wir Gott jemals für die Bewahrung gedankt, die er uns lange vor unserer Bekehrung hat zuteil werden lassen? Seine bewahrende Gnade hat uns nicht nur von größeren Sünden zurückgehalten, sie hat auch verhindert, daß wir nicht noch schlimmeren Dingen zum Opfer gefallen sind.

In seinem ausgezeichneten Buch *The Way* erwähnt Dr. E. Stanley Jones, daß man die ersten Christen als die bezeichnete, „die des Weges waren" (Apostelgeschichte 9,2; 19,23; 24,22). Natürlich bezieht sich das auf den Heilsweg, doch Dr. Jones weitet dies noch aus in den gesamten Weg Gottes; richtiges Denken, Fühlen und Handeln mit eingeschlossen. Diesen Weg, diese Prägung hat Gott allen Dingen im Universum mitgegeben. Folglich bleiben im Leben nur zwei grundlegende Alternativen: Weg und Irrweg. Der christliche Weg ist immer der richtige, der nichtchristliche der falsche Weg.

Ist das so, weil Gott uns äußere Gesetze auferlegt hat, beispielsweise die Zehn Gebote? Nein, Gott hat diese Gesetze gleichsam dem Wesen der gesamten Schöpfung eingepflanzt. Der Weg ist demnach etwas Bestehendes. Er ist nicht unser Werk, sondern in der Natur der Dinge bereits vorhanden. Entweder entscheiden wir uns für diesen Weg und seine Grundsätze, oder wir schaden uns selbst. Recht betrachtet, brechen nicht wir das Gesetz, das Gott in das Wesen aller Dinge hineingegeben hat, sondern wir selbst zerbrechen an diesem Gesetz. Nehmen wir an, wir fallen von einem hohen Gebäude hinunter. Das Gesetz der Schwerkraft wird dadurch nicht aufgehoben, sondern spätestens bei unserem Aufprall bestätigt. Dieses innewohnende Gesetz ist Ausdruck der bewahrenden Gnade Gottes, gleichsam der Zaun vor dem drohenden Abgrund. Jones zitiert einen Chirurgen, der in diesem Zusammenhang einmal gesagt hat: „Ich habe das Reich Gottes am Ende meines Skalpells entdeckt – im Gewebe. Gleichbedeutend mit dem moralisch Richtigen ist immer das körperlich Gesunde."

Ich wende Dr. Jones' Gedanken schon seit Jahren in meiner seelsorgerlichen Tätigkeit an, indem ich darauf hinweise, wie wir das Universum entweder für oder gegen uns haben. Ich erinnere mich an eine verheiratete Frau, die mir sagte, wie sehr sie durch einen anderen Mann angezogen und versucht war, eine Affaire mit ihm zu beginnen. Sie war eine Christin, und der Heilige Geist hatte sie gewarnt. Doch inzwischen hatte sie ihrem Verstand die Oberhand gegeben. Ich merkte, daß es nur eine Sache der Zeit war, bis sie nachgab. Natürlich wußte sie genau, daß ihr Vorhaben gegen die Gebote der Bibel verstieß, doch sie genügten wohl nicht, um sie zurückzuhalten. Ich versuchte ihr nahezubringen, daß das in uns angelegte göttliche Moralgesetz in allen unseren zwischenmenschlichen Beziehungen zur Auswirkung kommt und daß eine solche Affaire von daher zum Scheitern verurteilt sein und große Enttäuschung nach sich ziehen würde. Weiter erklärte ich ihr: „Sie haben die Freiheit, in dieser Weise weiterzumachen, doch das Universum steht nicht auf Ihrer Seite. Sie verstoßen gegen ein universelles Gesetz, und dieses Gesetz wird sich gegen Sie wenden." Die Frau gab jedoch der Versuchung nach und war auf dem besten Weg, sich bis zur letzten Konsequenz in dieses Abenteuer einzulassen. Gelobt sei der Herr! Bevor es dazu kam, war sie körperlich und seelisch dem Zusammenbruch nahe. Als sie mich wieder aufsuchte, sagte sie: „Ich habe Ihnen nicht geglaubt, als Sie sagten, ich verstieße durch mein Tun gegen ein universelles Gesetz. Doch Sie hatten recht. Alle möglichen Dinge sind geschehen, um mich in Verwirrung zu bringen – in körperlicher, geistiger und seelischer Hinsicht sowie innerhalb meiner Familie."

Sie entdeckte für sich selbst, was E. Stanley Jones fast ein halbes Jahrhundert zuvor geschrieben hatte: „Das englische Wort *evil* (das Böse) bedeutet rückwärts gelesen *live* (leben). Es ist ein Leben, das gegen sich selbst zu leben versucht. Und das ist unmöglich . . . Es ist ein Versuch, sich dem Wesen der Realität entgegenzustellen und es nicht mehr gelten zu lassen. Es ist ein Versuch in Richtung auf das Unmögliche. Das Ergebnis ist unvermeidlich Zusammenbruch und Frustration." Das alles erinnerte mich an ein altes, angeblich nautisches Sprichwort: „Wer gegen den Wind spuckt, spuckt sich selbst ins Gesicht."

Ein anschauliches Beispiel für die bewahrende Gnade Gottes ist der Apostel Paulus. Als er noch den Namen Saul trug, begegnete er auf der Straße nach Damaskus dem auferstandenen Jesus, der ihm zurief: „Saul, Saul, was verfolgst du mich? Es ist hart für dich, gegen den Stachel auszuschlagen." Dabei gebrauchte Jesus ein Bild, dem man im Altertum oft begegnete. Wenn ein junger Ochse das erste Mal in ein Joch gespannt wurde, versuchte er, sich wieder daraus zu befreien. Um das zu verhindern, hatte man eine zackige Metallspitze angebracht, an dem sich das Tier verletzte, wenn es auszubrechen versuchte. Je mehr es gegen diese Stachel ausschlug, desto größer war natürlich der Schmerz. Es war also der Stachel, der das Tier schließlich zur Unterwerfung zwang. Beim Menschen ist das bedauerlicherweise oft nicht anders. Gott wendet deshalb gleichsam den Stachelstock seiner zurechtbringenden Gnade bei uns an. In 1. Petrus 3,12 finden wir ein Zitat aus Psalm 34: *Denen, die Böses tun, steht das Angesicht des Herrn entgegen.* Dieses dem Bösen „Entgegensein" finden wir in der gesamten Schöpfung. Wenn wir das wirklich verstanden haben, sehen wir den Zorn und die Strafe Gottes in einem völlig anderen Licht. Wir begreifen sie als Ausdruck seiner bewahrenden Gnade, durch die er uns von der Sünde erlösen und uns erneuern will.

SUCHENDE GNADE

Abschließend noch ein Wort zur „heimsuchenden" Gnade Gottes. Natürlich sollen alle Formen der Gnade letztlich in uns bewirken, daß wir uns bekehren und neues Leben in Christus finden. Er hat Geduld mit euch, weil er nicht will, daß einige zugrunde gehen. Er möchte, daß alle Gelegenheit finden, von ihrem falschen Weg umzukehren (2. Petrus 3,9, GN). Dies ist der generelle Plan Gottes. Doch die Zeit kommt, wo dieser Plan sich in unserem ganz persönlichen Leben zu verwirklichen beginnt und wir deutlich spüren, daß der Herr uns nachgeht.

Vielfach wird vergessen, daß sich hinter dem vertrauten Vers: *Wir lieben (ihn), weil er uns zuerst geliebt hat (1. Johannes 4,19)* noch eine andere Wahrheit verbirgt, nämlich die, daß wir ihn suchen, weil er uns zuerst gesucht hat. Zu allen Zeiten haben Theologen darauf hingewiesen, daß Gott mit Vorliebe Menschen zu sich zieht, indem er ihnen Sehnsucht nach sich selbst ins Herz gibt. Selbst überzeugte Christen übersehen das oft und neigen in ihrem Zeugnis zu ichhafter Selbstdarstellung. In Johannes 1,34 lesen wir: *Am folgenden Tag wollte er nach Galiläa aufbrechen, und er findet Philippus; und Jesus spricht zu ihm: Folge mir nach!* Zwei Verse darunter heißt es: *Philippus findet den Nathanael und spricht zu ihm: Wir haben den gefunden, von dem Mose in dem Gesetz geschrieben hat, Jesus von Nazareth . . . (1,45).* Welch ein interessanter Gegensatz! Philippus behauptet, Jesus gefunden zu haben, obwohl Jesus ihn doch offensichtlich zuerst gefunden hat. Der erste Ansporn zu unserer Errettung geht immer von Gott aus. Er ist schon längst auf dem Plan, bevor wir überhaupt an ihn denken.

Während ich an einer Universität eine Reihe von Vorträgen über geistliches Leben hielt, bat mich ein junger Mann namens Jack um ein Gespräch. Wie viele Pastorenkinder lehnte er sich innerlich gegen den Glauben seiner Eltern und seine eigene frühe Bekehrung auf. Er war tief beschämt über das, was er getan hatte. In seinem Versuch, vor Gott davonzulaufen, hatte er sich mit einem Mädchen verabredet, das in der Schule für seinen losen Lebenswandel bekannt war. Sie hatten sich ein Heimfahrtwochenende erschwindelt, doch anstatt heimzufahren, verbrachten sie in einem entfernten Motel die Nacht miteinander. Was er sich in seiner Phantasie jedoch als nächtlichen Freudentaumel ausgemalt hatte, sah er jetzt in einem völlig anderen Licht. Er fühlte sich schuldig, leergebrannt und – was das Schlimmste war – von Gott verlassen. Die Frage bewegte ihn sehr, ob er jemals wieder zu Gott zurückfinden könnte. „Eigentlich willst du doch damit sagen, daß du selbst nicht von Gott loskommst, Jack", sagte ich. Er bat mich, mir diesen Satz näher zu erklären, weil er absolut nicht seinen Empfindungen entsprach. Ich öffnete meine Bibel und ließ ihn Psalm 139,7-8 lesen, wo es heißt: *Stiege ich zum Himmel hinauf, so bist du da.* Er hielt inne. „Lies weiter, Jack", forderte ich ihn auf. Langsam fuhr er fort: *Bettete ich mich bei den Toten, siehe, du bist da.* „Wem bist du dort in dem Motelzimmer wohl begegnet?" fragte ich ihn. Er schien überrascht. „Ich verstehe Sie nicht. Meinen Sie das . . . das Mädchen?" „Nein, Jack", erklärte ich, „ich meine Gott. Begreifst du nicht, daß du bei deinem Versuch, vor Gott zu flüchten, ihm in jener Nacht direkt in die Arme gelaufen bist?" Jetzt konnte Jack seine Tränen nicht mehr zurückhalten. Bald darauf waren wir im Gebet vereint und brachten alles vor den, der nie aufgehört hatte, seinen verirrten Sohn zu suchen. Gottes Liebe hatte sich nicht verändert, wohl aber seine Strategie. Jack begriff, daß man Gottes Liebe zwar zurückweisen, aber nicht verlieren kann, weil der Herr uns nachgeht.

Manchmal sieht seine Heimsuchung so aus, daß er uns gehen läßt. Er überläßt uns unseren eigenen Wegen, so daß wir die unvermeidlichen Folgen unserer Fehlentscheidung spüren und die Not uns zu ihm zurückkehren läßt.

Dieses Suchen Gottes wird uns im Gleichnis vom Verlorenen Schaf und Verlorenen Groschen (Lukas 15) besonders deutlich vor Augen geführt. Die Suche erfolgt so lange, bis das Verlorene gefunden ist. Doch in der Geschichte vom Verlorenen Sohn ist dies nicht der Fall. Schweigend läßt der Vater seinen Sohn in ein weit entferntes Land ziehen. Er unternimmt nichts, um ihn zurückzuhalten oder in der Fremde zu suchen. Er wartet ab. Eines Tages wird es dort zu einer schweren Hungersnot kommen, die den Jungen so in Bedrängnis führt, daß er nach Hause zurückfindet.

Anfang der 70er Jahre kam ein junger Mann namens Andy zu mir in die Seelsorge. Er war völlig am Ende und so deprimiert, daß er sich mit Selbstmordabsichten trug. Während ich ihm zuhörte, kam mir unweigerlich das Gleichnis vom Verlorenen Sohn in den Sinn. Auch Andy war aus seinem behüteten Zuhause ausgebrochen, hatte schwere Drogen genommen und war kaum noch in der Lage, seinen Alkoholkonsum zu kontrollieren. Vor seiner Immatrikulation im Asbury College hatte er mit zwei Jungen und Mädchen in einer Kommune gelebt, wo sie alles miteinander geteilt hatten – Wohnung, Essen und Sex. Doch die Gemeinschaft war auseinandergebrochen, und zurück blieben Leere und Überdruß.

Bevor ich recht überlegen konnte, waren mir die Worte entschlüpft: „Alles wie beim Verlorenen Sohn – nur das Schweinefutter hat noch gefehlt." Andy schien stumm vor Überraschung. Hätte ich nicht so reden sollen? Zweifel stiegen in mir hoch, – doch der Heilige Geist war längst an der Arbeit.

„Nein", hörte ich ihn sagen, „gerade ist es mir eingefallen . . . selbst das Schweinefutter war mit von der Partie."

„Was willst du damit sagen?" fragte ich überrascht.

„Nun, ich war 1969 dabei, als das große Woodstock Rock Festival stattfand. Sie erinnern sich sicher an die riesige Menge von Teilnehmern (über 400 000). Bald gab es nichts Eßbares mehr, und wir kamen fast um vor Hunger. Da keiner hinauskonnte, um außerhalb des Geländes etwas zu kaufen, kamen schließlich Hubschrauber und warfen große Pakete mit Schweinefutter zu uns runter. Alle haben wir den Fraß mit den Händen in uns hineingestopft. Den ekelhaften Geschmack vergesse ich im Leben nicht."

Nun gab es nur noch eines, was Andy vom Verlorenen Sohn unterschied, und das war seine Rückkehr zum Vater. Doch auch dazu ist es inzwischen gekommen. Wie dankbar bin ich dem Herrn für seine Liebe und Treue! Er weiß immer, wie er uns erreichen kann. Manchmal läßt er sogar Sünde und Schuld in unserem Leben zu, bis die Folgen uns zurück in seine Arme treiben.

RETTENDE GNADE

Schließlich kommen wir zur direkten Einwirkung des Heiligen Geistes auf den Geist des Menschen. Hierbei fallen alle besprochenen Gnadenwirkungen zusammen, und der Mensch kann sich dem Drängen des Heiligen Geistes und der unmittelbaren Gegenwart Gottes nicht entziehen. Dies ist der höchste Augenblick in der Begegnung von Gott und Mensch. Jesus sagt: *Siehe, ich stehe an der Tür und klopfe an; wenn jemand meine Stimme hört und die Tür öffnet, zu dem werde ich hineingehen und mit ihm essen, und er mit mir (Offenbarung 3,20).* Der Heilige Geist ist es, der in dieser Weise bei uns „anklopft" und redet. Er hilft uns auch, sein Reden zu verstehen und in rechter Weise darauf zu reagieren. Schließlich weckt er Glauben in uns, indem er alle unsere Ängste und unser Zögern überwindet. Alles ist Ausdruck seiner Gnade. Selbst der Glaube kommt nicht aus uns selbst, sondern ist eine Gabe Gottes (Epheser 2,8).

Wie Gott uns in seiner Gnade nachgeht, wird uns in John Bunyans Pilgerreise deutlich vor Augen geführt. In einem anderen seiner Bücher erwähnt Bunyan seine eigene Flucht vor Gott, die „Zeit der flüchtigen Anwandlungen". Während er buchstäblich dabei war, vor Gott davonzulaufen, kam ihm immer wieder ein Vers aus dem Propheten Jesaja in den Sinn. So klar und deutlich stand ihm der Vers vor Augen, daß er sich persönlich angesprochen fühlte. *Ich habe deine Verbrechen ausgelöscht wie einen Nebel und wie eine Wolke deine Sünden. Kehre um zu mir, denn ich habe dich erlöst (Jesaja 44,22)*, tönte es in ihm. Bunyan schreibt: „Dies ließ mich eine Weile innehalten und veranlaßte mich, über meine Schulter nach hinten zu sehen, ob der Gott der Gnade mir nicht mit einer Begnadigung in den Händen gefolgt sei." Welch ein einprägsames Bild der uns nachgehenden Liebe und Gnade Gottes. Dieses direkte Eingreifen durch den Geist Gottes war nicht nur auf frühere Zeiten beschränkt. Auch heute noch versetzt mich sein Wirken immer wieder in Erstaunen – wie bei der nachfolgenden Geschichte, die mir einmal eine Frau erzählt hat.

Heute ist Linda die Frau eines Pastors, eine strahlende, geisterfüllte Christin. Das Milieu, aus dem sie kam, sah allerdings ganz anders aus. Sie hatte als Kind viel gelitten, war von ihren eigenen Brüdern und ihrem Stiefvater mißhandelt und sexuell mißbraucht worden. Das alles hatte sie mit tiefer Scham erfüllt und ihr Selbstbewußtsein so beeinträchtigt, daß sie noch tiefer in Sünde fiel. Schließlich lief sie von zu Hause fort und landete mit achtzehn Jahren in New York City. Sie war allein und hatte kaum Freunde. Eines Nachts saß sie in einem Zimmer, das eher einer Sündenhöhle glich, fast unbekleidet auf einem Stuhl, während im Bett desselben Zimmers ein Paar sexuell miteinander verkehrte. Während sie so dasaß, überfiel sie plötzlich ein entsetzliches Gefühl von Einsamkeit und Schuld. Ihr wurde grausam bewußt, wo und was sie war und daß dies im Grunde niemand wirklich interessierte. Jeder hier dachte nur an sich selbst und benutzte den anderen – auch sie. Diese schockierende Erkenntnis brachte sie in große innere Not und Verzweiflung.

Doch mitten in dieser Situation spürte sie plötzlich, wie die Gegenwart Gottes sie umflutete. Wie eine innere Stimme tönte es in ihr: „Immer schon habe ich dich geliebt. Das wird sich niemals ändern, denn du bist sehr wertvoll in meinen Augen." Da fiel sie neben ihrem Stuhl auf die Knie, vergrub den Kopf in den Händen und schluchzte: „O Gott, fülle du die Leere aus in mir, und laß mich deine Liebe spüren, nach der ich mich mein Leben lang gesehnt habe." Das war der Anfang. Im Laufe eines Monats kam es bei ihr zu einer wunderbaren Bekehrung, von der sie selbst sagte: „Ich spürte die Nähe Gottes und wußte, daß mir vollkommen vergeben war. Vor allem hatte ich wieder ein reines Herz, und das war etwas, was ich mir immer schon gewünscht hatte." Innerlich geheilt und wiedergeboren, erfuhr sie Hilfe, kehrte nach Hause zurück und versöhnte sich mit ihrer Mutter. In der Folgezeit konnte Gott sie gebrauchen, um noch andere Mitglieder ihrer Familie zu sich zu ziehen.

Damit haben wir einige wichtige Ausdrucksformen der Gnade Gottes beleuchtet. Welch erstaunliche Wege geht doch der Herr, um uns in die Gemeinschaft mit sich zurückzuholen! Immer ist es Gott, der die Initiative ergreift. Schon lange vor Erschaffung der Welt (Epheser 1,4) dachte er in seiner Gnade an uns. Obwohl das Erlösungswerk Jesu zu einer bestimmten Zeit und an einem bestimmten Ort in der Geschichte stattfand, ist Jesus das Opferlamm „von Grundlegung der Welt an". Der Weg der Gnade ist demnach kein nachträglicher Gedanke Gottes. Er ist der Weg, der einzige Weg, den Gott jemals ersonnen hat.

LETZTE GNADE

Am Ende wird diese Gnade unsere einzige Gewähr dafür sein, daß wir im künftigen Leben auf ewig mit Gott Gemeinschaft haben. Im letzten Vers des letzten Kapitels der Heiligen Schrift (Offenbarung 22,21) betet Johannes: *Die Gnade des Herrn Jesus sei mit allen!* Wir können sicher sein, daß es allein dem freien Geschenk dieser unverdienten Gnade Gottes zu verdanken ist, wenn seine Kinder ihn in Ewigkeit anbeten und ihm dienen dürfen. Eine andere Grundlage für den Eintritt ins Reich Gottes – hier auf Erden oder in der Ewigkeit – gibt es nicht.

Als Teenager nahm ich an vielen der herrlichen Evangelisationsgottesdienste teil, die damals im Mittleren Westen der USA stattfanden. Nie kann ich die Zeit vergessen, als ich inmitten vieler auf einer der unbequemen Holzbänke im Zelt saß, auf dessen Boden man Sägemehl gestreut hatte, und die Predigten einiger großer Evangelisten jener Zeit auf mich wirken ließ. Wie leuchtete mir aus ihren Worten die Gnade Gottes entgegen! Oft war von der himmlischen Herrlichkeit die Rede. Über dem Torbogen am Eingang, so hieß es, seien die Worte zu lesen: „Wer da will, der komme." Jeder, der nach seinem Durchgang aufgefordert werde, zurückzuschauen, könne auf der Rückseite des Torbogens die Worte erkennen: „Aus Gnade bist du errettet."

Das Kaiserreich Österreich-Ungarn war seit dem Jahre 1273 durch das Haus der Habsburger regiert worden, das bis zum Beginn des Ersten Weltkriegs (1914-18) über maßgeblichen politischen Einfluß in Europa verfügte. Im November 1916 fand die Bestattung von Kaiser Franz-Josef I. von Österreich statt und damit das letzte grandiose Staatsbegräbnis seiner Zeit.

Alle Habsburger wurden in der Familiengruft beigesetzt, die sich im Untergeschoß des Wiener Kapuzinerklosters befindet. Am Tag der Beerdigung war der ganze Hofstaat versammelt, alle ganz in Weiß gekleidet, ihre Kopfbedeckungen geschmückt mit Federn in den österreichischen Nationalfarben. Eine Militärkapelle spielte düstere Grabgesänge und eine Hymne von Haydn, während sich der Trauerzug mit dem Sarg, drapiert in den Nationalfarben Schwarz und Gold, langsam die fackelbeleuchteten Treppenstufen hinunterbewegte. Schließlich war man an den großen Eisentüren der Krypta angekommen, hinter dem sich der Kardinal-Erzbischof von Wien mit seinem Gefolge hoher kirchlicher Würdenträger befand.

Der Hofmarschall, dem die Verantwortung für die Prozession übertragen war, trat an die geschlossene Tür und klopfte mit dem Heft seines Zeremonienschwerts dagegen. Dann folgte eine Zeremonie, wie sie seit undenklichen Zeiten so vorgeschrieben ist.
„Öffnet!" befahl er.

„Wer ist dort?" intonierte der Kardinal.

„Wir tragen die sterbliche Hülle seiner Königlichen und Apostolischen Hoheit, Franz-Josef I., aus Gottes Gnaden Kaiser von Österreich, König von Ungarn, Verfechter des Glaubens, Prinz von Böhmen-Mähren, Großherzog der Lombardei, Venedig, der Steiermark . . ." und so fort, bis alle 37 Titel des Kaisers aufgezählt waren.

„Wir kennen ihn nicht", lautete die Antwort des Kardinals auf der anderen Seite der Tür. „Wer ist dort?"

„Wir tragen die sterbliche Hülle seiner Majestät, Franz-Josef I., Kaiser von Österreich und König von Ungarn" – diese sehr abgekürzte Form war nur in dringenden Notfällen erlaubt.

„Wir kennen ihn nicht", antwortete der Kardinal ein zweites Mal. „Wer ist dort?"

„Wir tragen den Körper Franz Josefs, unseres Bruders – eines Sünders wie wir alle."

Daraufhin tat sich die mächtige Tür langsam auf, und der Leichnam Franz-Josefs wurde hineingetragen.

Denn aus Gnade seid ihr errettet durch Glauben,
und das nicht aus euch, Gottes Gabe ist es;
nicht aus Werken, damit niemand sich rühme
(Epheser 2,3).